Paul Barz

Mein Norddeutschland

Ohnsorg-Schauspieler zeigen ihre Heimat

Mit Fotografien von Reto Klar

Rasch und Röhring Verlag

Die Deutsche Bibliothek – CIP-Einheitsaufnahme

Barz, Paul:
Mein Norddeutschland : Ohnsorg-Schauspieler zeigen ihre Heimat / Paul Barz. – Hamburg : Rasch und Röhring, 1993
ISBN 3-89136-485-7

Großer Burstah 42, 20457 Hamburg, Fax 040/3713 89
Umschlaggestaltung: Peter Albers
Satzherstellung: Utesch Satztechnik, Hamburg
Druck- und Bindearbeiten: PDC, Paderborn
Printed in Germany

Szene Norddeutschland
Nordsee-Himmel und Ostsee-Bläue. Die Wikinger von Haithabu. Der Braunschweiger Löwe. Das Münster von Doberan. Rostocker Backstein, Flensburger Fachwerk. Die Künstler von Worpswede. Das Judenviertel am Grindelberg. Dannenberger Idylle und Hamburger Hafenlärm. Der Dom. Die Alster. Und . . .
. . . das Ohnsorg-Theater

Inhalt

Mit Henning und Peter Voscherau im Ohnsorg-Theater

„Ausgezeichnet für eine norddeutsche Heimatliebe“

Hamburgs Erster Bürgermeister steht im Foyer und trinkt seinen zweiten Kaffee. Neben ihm sein Vetter Peter Voscherau, Theaterkinder alle beide und beide diesem Haus verbunden. Allerdings nur als freundlich lächelnde Besucher, mehr nicht.

Henning Voscherau stützt die Ellbogen auf, legt das Kinn auf die gefalteten Hände: „Hast du mal Schauspieler werden wollen, Peter?“ Hat Peter Voscherau nicht. Zwar stand er mal im Weihnachtsmärchen auf der Bühne, „da war ich noch ein Kind“. Den Erwachsenen zog es in die Autobranche. Den Vetter in die Politik.

Von der Garderobe her nickt uns Edith Seehackel zu, oberste der Garderobendamen. Sie hat die beiden schon „als lütte Jungs“ gekannt. Die Väter selbstverständlich auch. Schauspieler alle beide. Henning Voscheraus Vater Carl drüben am Thalia. Der von Peter Voscherau hier im Ohnsorg-Theater. Walter hieß er und war es leid, immer mit dem Bruder verwechselt zu werden. Also strich er die erste Namenssilbe und war nun Walter Scherau, kurz „der Dicke“, Ohnsorgs erster Nachkriegs-Verwaltungsdirektor, und bei ihm erinnert sich Neffe Henning vor allem, „wie ich ihm einmal als Kind sein Schinkenbrot weggefressen habe“.

Das war in der allerersten Nachkriegszeit. Man hungerte, man fror. Und doch war es für Männer wie Walter Scherau und Carl Voscherau wie das Erwachen aus einem zwölfjährigen Alptraum gewesen. Beide Sozialdemokraten, beide 1933 fristlos aus ihren Stellungen entlassen. Da hatten sie sich auf die

Schauspielerei besonnen, die bis dahin mehr ein Freizeitvergnügen in der Arbeiterbewegung gewesen war. Damals in den Jahren nach dem Ersten Weltkrieg, als es allein hier in Hamburg fünfundzwanzig Laienspielgruppen gab: „Die hießen dann Thalia, Concordia und spielten, was sich nur spielen ließ, vom Klassiker bis zum Volksstück." So Peter Voscherau. Sein Vetter fällt ein: „Der Niederdeutsche Theaterverein als Vorläufer des heutigen Ohnsorg-Theaters ist ja auch dieser Richtung entsprungen."

Nicht so ganz.

Die geistigen Ohnsorg-Quellen sprudelten weniger arbeiterbewegt als bürgerlich-bildungsbeflissen. Aus der Ecke eben, woher der Vereinsgründer Dr. Richard Ohnsorg kam, ein Philologe und Volksbibliotheksdirektor, der 1902 seine „Dramatische Gesellschaft" gegründet hatte. Daraus wurde 1920 die „Niederdeutsche Bühne".

Ein Hort niederdeutscher Dramatik in der Art eines Gorch Fock, Fritz Stavenhagen, Hermann Bossdorf. Sie schrieben sehr komische, manchmal ernste Stücke über Menschen und Schicksale aus dem „Volk", zuweilen mit leicht belehrendem Unterton. Aufsässig, fast anarchisch wie das Volkstheater im süddeutschen Sprachraum war ihre Dramatik nicht.

Hier wurde mehr angepaßt als aufbegehrt. Blut-und-Boden-Dämpfe wallten kräftig. Der Nationalsozialismus witterte sie gern und nahm diese Art Theater stürmisch an die braune Brust: 1936 erhielt die Niederdeutsche Bühne ihr eigenes festes Haus. Große Bleichen 25. Erste Lage. Zentral. Aber klein. Zu klein. „Hundert Plätze mehr brauchten wir", seufzt man in der Chef-Etage. Weshalb immer wieder ein Umzug erwogen wurde. Und doch blieb schließlich alles an seinem altvertrauten Platz, wo schon '45 wieder Theater gespielt wurde, als sich der erste Rauch verzogen hatte.

Carl Voscherau hatte zum Ensemble dieser Stunde Null gehört, bevor er weiter ans Thalia zog. Bruder Walter trat an seine Stelle. Voluminös, verschmitzt und schlitzohrig. Ein geborener Volksschauspieler, wie er selten geworden ist, auch am Ohnsorg-Theater. Ein Waterkant-Pendant zum köllschen Willy Millowitsch. Der war gerade einer der ersten Stars des noch

blutjungen Fernsehens geworden. Worauf man im Norden seinen eigenen Millowitsch wollte, eben Scherau. Der pfiffig: „Nur mit einer Ohnsorg-Produktion.“ Das war die Geburt vom Ohnsorg-Bildschirm-Theater.
An die zweihundert Produktionen wurden inzwischen aufgezeichnet. Der Glanz ihrer Ausstrahlungen ist im Zeichen eines Überangebots an Unterhaltung etwas matter geworden, und die Zeit ist vorbei, als Bundesliga-Spiele wegen paralleler Ohnsorg-Übertragungen verschoben werden mußten und die

Im Ohnsorg-Foyer vor Hans-Albert Dithmers Heidi-Kabel-Porträt.

Straßen leergefegt waren, wenn auf den Bildschirmen Heidi Kabel und Henry Vahl zu sehen waren.
Aber immer noch sehen bei Ohnsorg-Aufzeichnungen jährlich wenigstens fünfzig Millionen Menschen im gesamten deutschsprachigen Raum zu. Und laut Umfragen ist das Ohnsorg-Theater immer noch die bekannteste Hamburger Bühne überhaupt. Viel bekannter als Deutsches Schauspielhaus, „Talja" und Hamburg Oper zusammen.
Was nachgerade etwas peinlich ist.
Nicht dem Ersten Bürgermeister dieser Stadt: „Das Ohnsorg-Theater ist ein Stück Norddeutschland, das zur Identifizierung des kleinen Mannes auf der Straße mit seiner Heimatstadt Hamburg mehr beiträgt als die Staatstheater, und das finde ich ausgezeichnet. Sowohl für eine norddeutsch-niederdeutsche Heimatliebe wie für das Theater selbst."
Aber: Was ist nun dieses Theater? Eines wie jedes andere auch?
Nein. Ganz eindeutig. Und das nicht, weil dort Niederdeutsch gesprochen wird.
Man hat das Ohnsorg-Theater zuweilen das „niederdeutsche Burgtheater" genannt, und diese Parallele ist gar nicht so abwegig. Vor allem in einem Punkt: Ob an der Wiener Burg oder an den Hamburger Großen Bleichen – hier beschäftigt zu werden, bedeutet noch anderes, als an irgendeiner Bühne engagiert zu sein. Diese Bühne ist zugleich eine Lebensform. Eine Insel in manchem. Ein Biotop. Und sehr norddeutsch in allem. In seinen Stärken wie Schwächen. Was bei denen, die hier arbeiten, die meisten über Jahre, manche über Jahrzehnte, die Frage nahelegt, was nun für sie Norddeutschland ist. Und wo sie „ihr" Norddeutschland finden.
Dorthin sind wir dann mit ihnen gefahren. Zu Flecken, Orten, Landschaften im norddeutschen Raum, die für sie besonders wichtig oder typisch sind. Oder einfach schön. Davon haben wir sie erzählen lassen. Und von sich selber auch.
Ohnsorg-Schauspieler zeigen Norddeutschland. Und nicht nur Schauspieler. Menschen, die Ohnsorg prägten und von ihm geprägt worden sind.
Mit Heidi Kabel, mit wem sonst?, fing es an.

Mit Heidi Kabel an der Elbe
„Wind, Schiet und dieser unvergleichliche Geruch“

Heidi Kabel hat schon auf der Treppe gewartet und dreht sich noch einmal um: „Hatte ich alles abgeschlossen?“ Weil nämlich schon zweimal in ihr Haus in Hamburg-Hochkamp eingebrochen worden ist.
Die S-Bahn rattert vorüber. Aber daran gewöhne man sich in vierzig Jahren, und damals sei das Haus für sie und ihren Mann Hans Mahler überhaupt nur wegen der S-Bahn-Nachbarschaft erschwinglich gewesen.
Zuvor hatte die Familie in Bahrenfeld gewohnt. Da war Heidi Kabel noch jeden Tag mit den Kindern an die Elbe zum Baden gegangen, „das Wasser ganz sauber, der Strand wunderschön, weil ja die Fahrrinne noch von all den Wracks aus dem Krieg verstopft war und es kaum Schiffsverkehr gab. Und Chemie sowieso nicht.“
Anders als heute. Wir lesen im Baedeker: „Die Elbe: eine schiffbare Abwasserrinne.“ Dennoch. Wir fahren dorthin.
Von Hochkamp hinüber nach Blankenese. Unter den feinen Adressen die feinste. Jedes Haus eine Villa, und jede Villa ein Schmuckstück. Reetdachgedeckt kuschelig, klassizistisch streng oder gründerzeitlich protzig. So was kann man nicht kaufen. Heidi Kabel: „So was erbt man höchstens.“ Glücklich, wer hier Enkel ist. Nachfahr der Kaufleute, die im frühen 19. Jahrhundert ihre Prachtbauten im damals noch dänischen Blankenese hatten errichten lassen. Oder Erbe einer der Kapitäne, die hier im Ruhestand ansässig geworden waren. Und einer von ihnen hatte eine Tochter gehabt, groß, rothaarig, Elisabeth Flickenschildt. Die hatte gemeinsam mit Heidi Kabel in

„Ein Mädchen geht an Bord“ vor der Kamera gestanden. Das war 1938 und für beide der erste Film gewesen, und niemand ahnte, daß sie einmal „die“ Flickenschildt und „die“ Kabel sein würden.
Die Flickenschildt in ihren Lebenserinnerungen über die Elbe ihrer Kinderjahre: „An den Ufern lagen Eisblöcke, die am Strand liegengeblieben waren, wie aus der Urzeit stammende, erstarrte Fische. Manchmal, wenn die Sonne noch herauskam, ein roter, fremder Schein. Irgend etwas Unbekanntes, Herrliches erschien rotgetönt am Himmel, dann verschwand es nach Sekunden.“
Heute liegen keine Eisblöcke am Ufer, nur eine angeschwemmte Kiste und ein aufgeplatzter Autoreifen. Ein diesig verschwommener Herbsttag. Wir stehen am Falkensteiner Ufer, an klaren Tagen kann man von seiner Spitze aus bis weit zum Hafen sehen. Dann schrumpfen die Schiffe zu Spielzeugdampfern, und der Fluß selbst scheint nur noch eine Spielzeuglandschaft zu sein.
Die Elbe oder, tschechisch, Labe. Eine der großen Wasserstraßen Europas, 1160 Kilometer lang, früher einmal die Grenze zum heidnischen Slawenland, ein geschichtsgesättigter Schicksalsstrom wie Rhein oder Donau. Und doch hat die Elbe kaum ein Dichter besungen.
Einer schon. Wolfgang Borchert. Der läßt sie als keifendes Fischweib in „Draußen vor der Tür“ auftreten, Heidi Kabel hatte sie einmal am Deutschen Schauspielhaus spielen sollen. Aber: „Das Ohnsorg-Theater ließ mich ja nicht los.“
Nun schon sechzig Jahre nicht. Solange steht Heidi Kabel dort auf den Brettern, hat gerade ihr Jubiläum gefeiert, mit „Manda Voss“, der 106jährigen, und dafür hat sie sich das Haar eisgrau färben lassen.
Der Wind zaust darin. Sie streicht eine Strähne zurück, sieht zum anderen Ufer hinüber, wo im matten Dunst das Alte Land liegt, atmet tief: „Dieser Geruch von Dreck und Schiet und Algen und dann wieder dieser Wind, ganz frisch vom Westen her – das ist für mich die Elbe, ist Hamburg, ganz unvergleichlich, da bin ich süchtig von.“
Wenn sie mit ihrer Tochter Heidi Mahler von einer Tournee

zurückkehrt, singen sie auf den Elbbrücken „Stadt Hamburg an der Elbe Auen". Das sei zwar „etwas blöd, aber nun mal Tradition bei uns". Weil sie eben unausrottbar Hamburgerin sei und nirgendwo anders leben möchte. Hier, wo es oft so grau ist und feucht und die November bis zum Frühling dauern: „Sonnenschein ist mir ja viel lieber, aber richtig wohl fühle ich mich nur bei Schmuddelwetter, und gut für die Haut ist es auch."
Sie lacht. Geht ein paar Schritte. Der Sand ist feucht, knirscht. Heidi Kabel bückt sich nach einem Stück Schwemmholz, schleudert es ins Wasser, steht vor einem Schild: „Eltern! Achtet auf die Kinder!" Sie nickt. Sie weiß: Dieser Fluß kann sehr gefährlich sein.
Damals zum Beispiel, bei der großen Flut von 1962, als in einer Nacht fast vierhundert Menschen ertrunken waren. Im Ohnsorg-Theater war aber der Keller vollgelaufen, während auf der Bühne gerade der Schwank „Tratsch im Treppenhaus" aufge-

Vom Fischerdorf zum Nobelviertel: Blankenese.

zeichnet wurde, „und den hatte mein Mann so inszeniert, daß wir, wenn wir eine Etage tiefer zu steigen schienen, durch ein Loch im Bühnenboden in den Keller hinunterkletterten. Dort stand ich dann, bis zu den Knöcheln im Wasser, und schrie meine Texte zur Bühne hinauf."
Wieder ihr Lachen. Sehr hell und spröde. Eines, das die kleinen Tragödien beiseite zu schieben und von den großen möglichst wenig zu verraten sucht. Ein sehr Hamburger Lachen und für Heidi Kabel so typisch wie ihre Liebe zu Elbe und Schmuddelwetter.
1914 geboren. In den Großen Bleichen, nicht weit vom heutigen Ohnsorg-Theater und bei Glockenklang, „aber der galt den ersten Siegen im Weltkrieg". Die Eltern bürgerlich wohlsituiert und entschlossen, aus dem einzigen Kind die höhere Tochter zu machen. Aber „das ist wohl niemals ganz gelungen". Eine Jugend in guten wie in schlimmen Jahren. Inflation, dann wieder ging es besser. Und schließlich die Wirtschaftskrise: „Die Armut damals, die kann man sich ja gar nicht vorstellen. Wie Menschen richtig hungerten und Kinder barfuß gingen, weil die Eltern kein Geld für Schuhe hatten."
Bilder, die Heidi Kabel wohl nie ganz losgelassen haben. Oft spricht sie davon, wie jetzt, hat die Hände wie frierend in die Manteltaschen geschoben: „Und dann war da also der Herr Hitler, der Brot und Arbeit versprach, und ich höre noch bei seiner Machtergreifung meinen Vater sagen: Nun wird der Herr ja zeigen, ob er mehr kann, als nur Worte machen. Und die Menschen hatten plötzlich wieder Brot und Zeug und Arbeit, und niemand hat gefragt, woher das kam und was dahintersteckt und wo das einmal enden wird."
Heidi Kabel hat sich auf einen kleinen Sandhügel gesetzt, hält die Arme verschränkt, als wolle sie sich schützen. Spricht von den Kriegsjahren, Bombennächten, und die Eltern hatten ein kleines Haus in der Heide besessen. Dorthin hatte man sich manchmal flüchten können, und „wenn wir zurückfuhren, sind wir nur bis Wilhelmsburg gekommen, dann ging es zu Fuß weiter, durch die Trümmer, den Rauch, es schien nie richtig hell zu werden, und Leichen lagen überall, in der Hitze zusammengeschrumpft, wie Kinderkörper."

Fünfzig Jahre wenigstens, hatte sie damals gedacht, würde es dauern, bis Hamburg wieder eine Stadt wie früher sein würde, „und dann ging alles so rasend schnell, der Wiederaufbau, das Wirtschaftswunder, wir hatten zu essen, wir hatten etwas anzuziehen, und ich hätte so gern die Kinder etwas feingemacht, aber die wollten alles, nur nicht fein sein."
Ob sie denn trotz allem gut gewesen sei, die alte Zeit, will Reto Klar wissen, der Fotograf, 24 Jahre jung, und Heidi Kabel steht auf, putzt Sand vom Mantel.
Nein. Gewiß nicht. Das war keine gute alte Zeit. Und „wer alles hinter sich hat, was dieses Jahrhundert meiner Generation beschert hat, kann kaum noch etwas wirklich schlimm finden."
Aber ans Revers hat sie eine Plakette geheftet, „Stoppt den Haß", den gegen Ausländer: „Na ja, an allem in diesem Land fühlt man sich irgendwie..." Sie stockt, will nicht „mitschuldig" sagen: „Sagen wir mal: mitverantwortlich". Und sie fragt sich oft, ob Jüngere überhaupt wüßten, was in Deutschland schon einmal möglich gewesen war: „Reden die eigentlich nie mit ihren Eltern und Großeltern?"

„Bei der Heimkehr singe ich: Stadt Hamburg an der Elbe Auen."

Am Ufer hat Reto Klar den Vorhang aufgebaut. Ein Stück Theater überall, die Welt eine Szene: das war sein Einfall gewesen. Heidi Kabel gefällt er. Sie greift prüfend in den Stoff, ganz Hausfrau, ganz Profi: „Samt. Schön. Der fällt gut.“
Spaziergänger kommen vorbei, grüßen. Eltern stoßen ihre Kinder an. Heidi Kabel kennt eben auch, wer noch nie im Ohnsorg-Theater und vielleicht überhaupt noch nie im Theater war. Ein Star. Oder, wie sie lieber hört, eine Volksschauspielerin. Was immer das ist. Bei ihr stellt sich diese Frage nicht. Sie ist es eben.
Sie freut dieser Ruhm. Und seine Schattenseiten nimmt sie hin. Wie das meiste andere in ihrem Leben. Und jetzt posiert sie geduldig vor der Kamera. Pflichtmensch wie immer. Abends hat sie Vorstellung und gleich nach unserem Treff noch einen anderen Termin. Das tut ihr leid. Weil die Zeit nun nicht mehr für einen „richtigen“ Elb-Spaziergang reiche, das Flußufer hinunter bis nach Schulau und dort zum Fährhaus: „Das ist ja nun wirklich weltberühmt.“
Seit dort 1952 der Gastronom Otto Friedrich Behnke die Idee einer Schiffsbegrüßungsanlage hatte, mit 130 Nationalhymnen auf Band und in dieser Art wohl wirklich einzig in der Welt. Wie dort jedes vorüberziehende Schiff begrüßt oder verabschiedet wird, mit dem Dippen der Flagge, mit Grußworten in der jeweiligen Landessprache. Hamburg als Tor zur Welt. Das scheint dann plötzlich mehr als ein Slogan zu sein.
Und die Elbe nicht mehr der Spielzeugfluß wie von der Höhe des Falkensteiner Ufers aus. Hamburgs Nabelschnur zur Welt. Grund seiner Größe, seines Reichtums. Auch das Sorgenkind, verdreckt, vergiftet, schon manches Mal für tot erklärt. Doch Totgesagte leben lang. Und an schönen Tagen ist sie einfach schön.
Dann mag man in Schulau auf der Terrasse sitzen und ein wenig träumen. Von den Heimatländern der vorüberziehenden Schiffe dort draußen und ihren Zielen. Afrika oder Asien vielleicht.
Oder Helgoland.
Auch dorthin sind wir gefahren. Mit Edith Seehackel.

Mit Edith Seehackel auf Helgoland

„Ein Fluchtpunkt, schön weg von allem Theater“

Wenn Edith Seehackel spricht, meinen manche, Heidi Kabel zu hören. Auch jetzt, da sie neben uns in der zweimotorigen Maschine sitzt und hinunter ins schaumgekräuselte Blau sieht: „Das da vorn, das muß schon Helgoland sein!“
Der rote Felsen in der Deutschen Bucht. Knapp zwei Quadratkilometer groß, fünfzig Kilometer vom Festland entfernt.

Erstes Vergnügen eines Helgoland-Urlaubs: die „Dampferbörte“.

Odins Heiligtum in heidnischer Zeit, später Piratennest und Schlupfwinkel unter anderem für Klaus Störtebeker. Hier vor Helgoland hat ihn Simon von Utrecht besiegt. Das mag Sage sein. Keine Sage jedoch ist die mittelalterliche Sturmflut, die das kleine Helgoland noch einmal teilte und die „Düne" abriß, die Insel vor der Insel.

Weißer Sand, Strandkörbe, FKK: Helgolands Helgostrand. Wo Austernfischer und Sandpfeifer herumlaufen und man auch schon mal ein Stück Bernstein findet. Und wo von März bis Oktober die Achtsitzer der Bremer Roland Air landen, die bequemste und schnellste Art, nach Helgoland zu kommen. Nicht die billigste allerdings. Weshalb die meisten denn doch das Schiff nehmen. Schon weil das so gemütlich ist. Und lustig, wenn die „Dampferbörte" beginnt, das Ausladen vor Helgoland.

Barkassen tuckern heran. Taue knirschen. Holz schrammt gegen den Pier. Man steht leicht schwankend im Boot, Arme packen zu, ein Griff, man ist an Land. Dort, wo als gleichsam erster Gruß eine grünspanüberzogene Büste den Besuchern entgegenstarrt.

Ehrende Erinnerung an den Dichter August Heinrich Hoffmann, der sich nach seinem Heimatdorf Fallersleben nannte und 1841 sein Lied der Deutschen schrieb, den Hymnus auf ein Vaterland in Einigkeit und Recht und Freiheit, in der Folge die wohl meistmißverstandene, meistmißbrauchte Nationalhymne aller Zeiten. Ein Hoffnungssang. Das Stückchen Utopie. Vielleicht nicht zufällig gerade hier auf Helgoland entstanden. Das war damals britisch, hätte aber auch deutsch oder dänisch sein können. Denn immer ist diese Insel ein Spielball für andere gewesen, ihre gesamte Geschichte hindurch.

Die Helgoländer, heute 2600 an der Zahl, haben es ertragen. Zwischen zwei Zügen aus der Piep und einem Schluck Helgoländer Eiergrog haben sie auf Dänen, Deutsche, Briten mit der gleichen friesischen Gelassenheit gesehen wie heute auf die nie verebbenden Touristenströme.

Viele machen hier Urlaub. Die meisten jedoch hält es kaum einen Tag. Gerade lange genug, einmal die Insel zu umrunden und die klarste, reinste Luft der gesamten Nordsee-Region einzuatmen. Vor allem aber um einzukaufen.

Helgoland: Das ist auch ein riesiger Duty-Free-Shop.
Mit dem Fahrstuhl geht es vom Hafen hinauf auf die obere Insel. Ein Eiland in Etagen sozusagen, und im ersten Stock öffnet sich das Konsumentenparadies. Shop an Shop, nur hereinspaziert und eingekauft, ohne Zoll und Mehrwertsteuer. Und zwischen zwei Geschäfte geklemmt, finden wir die Hotelpension, in der Edith Seehackel nun schon dreißig Jahre Stammgast ist.
Blumen, ein Piccolo zur Begrüßung, das Zimmer zur Seeseite hinaus. Edith Seehackel steht am Fenster, sieht zur Reede hinunter: Das Schiff dort, das gerade einläuft, „das also bringt Wasserproben für die biologische Versuchsanstalt". Und das andere, das mit dem braunen Segel und dem braungelb gestrichenen Deck, „das ist für die Urlauber, die mal auf See hinausschippern wollen".
Denn klares Wasser, reine Luft genügen nicht. Nicht einmal die vielgerühmte Meeresruhe. Animation muß her, der übervolle Veranstaltungskalender, Kirchenkonzerte, Kinderfeste, Preisskat, Hobbykurse. Und manchmal in der Nordseehalle das Ohnsorg-Theater.
Dann erwartet Edith Seehackel „ihre" Schauspieler schon auf der Düne mit einem Schluck Sekt, sitzt abends in der ersten Reihe, freut sich, einmal nur Zuschauer wie alle anderen zu sein. Obwohl sie natürlich hilft, wenn es etwas hinter der Bühne zu helfen gibt. Denn das Theater ist ein Teil von ihr. Das ist „doch Heimat irgendwie, mein Zuhause".
Seit vierzig Jahren recht genau. Seit damals in den frühen Fünfzigern, als die Hamburgerin aus Hammerbrook mit ihrer Volkstanzgruppe im Schwank „De Scherenslieper" mithüpfen durfte. Walter Scherau hatte sie gesehen und gleich dabehalten.
Nicht als Tänzerin. Edith Seehackel fand sich am Eingang wieder, riß Karten ab, wies Plätze an, „obwohl ich lieber eine Garderobe gehabt hätte". Die hat sie inzwischen auch. Weil sie im Vorderhaus die Hauptverantwortliche ist. Für alles rundum. Eine Königin in ihrem Reich. „Die" Seehackel eben. Mehr als eine Garderobenfrau. Eine Institution. Mit lustig dunklen Augen, die mal spitz, mal spitzbübisch gucken können. Und denen nichts entgeht. Schon gar nicht in „ihrem" Theater.

Ob es heute anders ist als vor vierzig Jahren? Edith Seehackel denkt nach, während wir zur unteren Insel hinunterfahren. Nein, so anders eigentlich nicht. Vielleicht, daß im Schnitt das Publikum jünger wurde. Und in der Chef-Etage habe es nicht „soviel Rummel“ gegeben. Nicht „-zig Räume, Dramaturgie und so, einfach zwei Zimmer. In dem einen saß die Sekretärin und schrieb die Manuskripte ab. Im anderen saß der Chef.“
Das war Hans Mahler. Er bleibt für sie der Größte. Aber „verstanden habe ich mich eigentlich mit allen anderen auch“. Wie mit den meisten Schauspielern und Regisseuren. Und mit dem Publikum natürlich.
Für dessen Meinung ist Edith Seehackel ein Barometer. Kaum einer spürt so rasch wie sie, ob etwas ankommt: „Das sieht man schon an den ersten Gesichtern nach der Vorstellung.“ Weshalb gerade sie Regisseure, Schauspieler, ja, sogar schon mal der Intendant fragen: „Na? Wird das denn was?“ Dann nickt sie. Oder schüttelt den Kopf. Und behält sich in jedem Fall ihre ganz eigene, urpersönliche Meinung vor. Denn nicht alles mag sie, was die Leute mögen. Und die Leute mögen nicht immer, was gerade ihr besonders gut gefällt. Felix Mitterers „Half-

Helgoländer, durch nichts zu erschüttern.

klook“ zum Beispiel, die tiefschwarze Dorfballade um einen geistig Behinderten. Ein böses Stück und kein Erfolg. Aber Edith Seehackel schätzt es. Wie überhaupt das Schwierige: „Muß doch auch sein. Geht doch nicht, daß man sich dauernd nur auf die Schenkel schlägt.“
Duty-Free-Helgoland liegt hinter uns. Nichtraucherin Seehackel hat rasch noch eine Stange Zigaretten besorgt. Für die Herren aus der Dramaturgie: „Muß doch die Jungen mit ihrem Gift versorgen.“ Wieder klingt ihre Stimme wie die von Heidi Kabel, und das freut sie: „Ist doch unsere Größte, nicht?“
Mit kleinen, kräftigen Schritten geht sie den Plattenweg hinunter, der zur Erinnerung an Helgolands Übernahme durchs Deutsche Reich anno 1890 angelegt wurde. Vorbei an der Gedenktafel für Jacob Andresen Siemens, der 1826 das Nordseebad Helgoland geschaffen hatte, das dritte nach Norderney und Wyk auf Föhr.
Ein kluger Mann. Klüger als jene, die in zwei Weltkriegen Helgoland zur Seefestung umgerüstet hatten. Das wäre fast sein Untergang gewesen. Aber die Insel hat überdauert, mit dem Fremdenverkehr ist es weitergegangen, beides so haltbar wie das rotgetönte Kliff hinter uns.
Der Seewind trägt scharfen Tanggeruch herbei. Ein stürmischer Tag und zu kalt, zu gefährlich für die Schwimmer, die sich dennoch in die Brandung wagen. Edith Seehackel mustert sie gelassen: „Wenn sie nun mal wollen.“
Vierzig Jahre Theater lehren Toleranz. Und Gleichmut gegenüber allen Schwächen auf der Bühne wie im Leben. Aber einmal im Jahr flüchtet sie vor allem. Hierher, „schön weit weg von allem Theater“. Von den Kinderhorden zur Weihnachtszeit. Den Alt-Abonnenten, die rasch noch ihr Schwätzchen halten wollen, obwohl es schon ein drittes Mal geklingelt hat. Edith Seehackel wahrt Fassung. Meistens jedenfalls.
Einmal nicht. Als sich ein Herr vor ihr aufgebaut und seinen Namen gemurmelt hatte. Den also hatte sie ein bißchen angefahren: „Ich will Ihre Eintrittskarte sehen und nicht wissen, wie Sie heißen.“
Das war Walter Ruppel gewesen. Der neue Ohnsorg-Intendant.

Mit Walter Ruppel auf Sylt
„Auf der Insel ist alles anders“

Nicht nur Edith Seehackel erkennt nicht immer den Ohnsorg-Intendanten. Auch der Westerländer Strandwächter mußte erst einmal fragen: „Wie? Wer?“ Dann strahlte er: „Ohnsorg-Theater, richtig. Das gastiert ja hier. Herr Kreienbaum war auch schon da.“ Den hatte er sofort erkannt.

Im Schatten sein. Das Schicksal eines Intendanten. Walter Ruppel trägt nicht schwer daran. Weil so mehr Atem für die Arbeit bleibt. Und der Hamburger Arztsohn es ohnehin mit dem hanseatischen Understatement hält.

Schon bei seinem Ohnsorg-Amtsantritt ’86. Als er nach einem Konzept für die niederdeutsche Renommierbühne gefragt wurde: „Dafür zu sorgen, daß möglichst viele Leute Karten bekommen.“ Ein halbes Jahrzehnt später klang es schon selbstbewußter: „Wir haben die Fenster aufgemacht. Vielleicht steckt der Mief noch drin. Aber man riecht ihn nicht mehr so.“

Sylts schwerkörniger Sand knirscht unter unseren Sohlen. Wir hatten in Westerland den Bus genommen, sind hinüber nach Kampen gefahren und zum Kliff gegangen. Vor uns Meer, Strand, Dünen. Hinter uns das „feine“ Sylt. Das der Nachtlokale, Bars, Boutiquen. Jenes Sylt, von dem die Klatschspalten schwatzen. „Hamburgs schönster Vorort“, Szenerie für die immer neuen, immer gleichen Spiele der Reichen und Feinen, die auf Deutschlands nördlichster Insel ihren Tummelplatz finden, immer noch und allem Unkengeschrei vom totalen Sylt-Out zum Trotz.

Doch es gibt ebenso das andere Sylt. Eher still. So gar nicht schrill und snobby. Die Insel der großen Ruhe und tiefen Atem-

Keine Insel wie jede andere, eine Lebenshaltung: Sylt.

züge. Das wahre Sylt, wie manche meinen. Auch Walter Ruppel.
Der war ein erstes Mal mit zwei Jahren hier und dann immer wieder, seine gesamte Jugend hindurch, und ein vergilbtes Foto zeigt den Jungen mit zwei Halbwüchsigen beim Spiel im Sand. Das waren die Geschwister Mann, Klaus und Erika.
Eine Insel der Berühmtheiten, immer schon. Wo man aber, das verlangt der gute Insel-Ton, von Berühmheit kein Aufsehen macht. Der Herr, der eben nackt vorüberjoggt, könnte Star-Kolumnist Peter Boenisch sein oder Alt-Playboy Gunter Sachs oder gar, der Atem stockt, der Wepper-Fritz. Vielleicht aber auch ein Buchhalter aus Krefeld oder der Möbelhändler von Castrop-Rauxel. In jedem Fall verlangt das Sylter Ritual freundlich vorbeiblickende Gelassenheit.
Eine Welt mit eigenem Maßstab. Wo alles etwas anders ist als drüben auf dem Festland. Das Klima. Die Menschen. Melancholiker werden manisch depressiv, Sanguiniker euphorisch ausgelassen, wie Ernst von Salomon in seinem „Fragebogen" schrieb. Und Kranke noch kränker, Gesunde besonders gesund. Das wiederum meint Walter Ruppel.
Er hat es erfahren. In den 80ern, als er im Haus von Freunden Zuflucht in einer schweren Lebenskrise fand. Zwei Intendanzen lagen damals hinter ihm, in Regensburg und Bremerhaven, und „in Regensburg hatten sie von rechts auf mich geschossen, in Bremerhaven von links". Ruppel hielt stand. Narben blieben. Und die Frage: Wer bin nun hinter allen Ämtern ich selbst?
Das Haus hatte unmittelbar am Meer gelegen. Man konnte aufs Wasser sehen und jeden Abend den Sonnenuntergang erleben, so glühend rot und lodernd gelb wie nur hier an der Nordsee. Und im Winter war alles so still gewesen, wie nur Sylt im Winter still sein kann. Zuweilen sturmdurchtobt. Und Ruppel hatte sich vom Wintersturm die Seele durchrütteln lassen, bis kein Bodensatz mehr blieb. Wohl aber die Erkenntnis: Irgendwie geht alles weiter. Jedem Winter folgt ein Lenz, auf Ebbe die Flut. Oder die Berufung zum Ohnsorg-Intendanten.
Kein Sturm heute. Nicht die berühmte Sylter Brandung mit ihren mannshohen Wellen. Wir gehen zum Strand hinunter,

nach Süden hin, Richtung Westerland. Die See schwappt geduldig, hat riesengroße Quallen auf den Sand gespült, tiefblau, kleine Meeresungeheuer, und ein Silberglanz liegt über allem, draußen zieht ein Kutter vorbei.
Ruppel stapft voran, vorgeneigt, kein leichtes Vorankommen. Auch damals am Ohnsorg-Theater nicht. Dort hatte es bei seinem Amtsantritt Abwehr gegeben. Gegen den Quereinsteiger:

Ehernes Ritual auf Sylt: bei FKK schaut man nicht hin.

„Der kann ja nicht mal Platt.“ Gegen seinen mehr leichthändigen, Schwierigkeiten und Probleme spielerisch unterlaufenden Führungsstil: „Ein stromlinienförmiger Karrieremensch.“
Das war gleich nach den Reformstürmen der Ära Hansen gewesen. Ex-Wirtschaftssenator Helmuth Kern, als Vorsitzender des Vereins Niederdeutsche Bühne für die Berufung des Intendanten zuständig: „Das Haus brauchte nach allen vorangegangenen Aufregungen wieder eine Integrationsfigur.“
Das ist Walter Ruppel geworden. Und noch etwas mehr. Ein Animator. Moderator. Ein „Mäßiger“ also. Allzu gemäßigt, wie manche sagen. Sie vermissen den anfeuernden Prankenhieb, ein „So und nicht anders“, den mitreißenden Feuergeist. Der ist wohl Ruppels Sache wirklich nicht. Aber sein Erfolg bleibt unbestritten.
Daß heute an den Großen Bleichen professioneller, genauer gearbeitet wird als selbst zu den verklärten Zeiten Mahlers, leugnet niemand, und eine Platzauslastung von 95 Prozent, die höchste aller Hamburger Bühnen, kann kaum ein Argument gegen Ruppels Theaterführung sein. Eher schon, daß auch in seiner Ära die spätestens seit Mahlers Tod offene Frage unbeantwortet blieb, was denn nun eigentlich in dieser Zeit Volkstheater sei, was es sein könne und müsse. Und was nicht.
Ruppel hat Antworten in der Vergangenheit gesucht, bei Brecht und Hauptmann. „Der Biberpelz“ und „Die Kleinbürgerhochzeit“ sind Volksstücke, gewiß. Wie Kleists „Zerbrochner Krug“ und sogar Rainer Werner Fassbinders „Bremer Freiheit“, die unter dem niederdeutschen Titel „Froo Geesche Gottfried“ zu den sicher gewagtesten Unternehmungen im Ruppel-Spielplan gehörte.
Aber der konkrete Entwurf eines künftigen Volkstheaters wurde nicht gefunden, die dafür nötigen Autoren nicht entdeckt. Auch nicht in der von Ruppel gemeinsam mit Konrad Hansen geplanten Autorenwerkstatt.
Sie blieb Ansatz, schöner Traum. Einer von vielen in Ruppels über vierzig Theaterjahren. Was ist er in dieser Zeit alles gewesen? Dramaturg, Chefdramaturg, Stellvertreter des Intendanten und selber Intendant, Lektor bei Verlag und Funk. Und was nicht?

Kein Leiter eines großen Opernhauses, wo er endlich einmal Musiktheater mit ausreichenden finanziellen Mitteln hätte machen können. Denn Oper ist seine große Leidenschaft. Nun bleibt nur der Seufzer: „Wen hätte ich dort alles verpflichten, wie besetzen können..."
Ruppel blinzelt in die Meeresbläue hinein, sieht dem davonziehenden Kutter nach. Soll man Träumen nachtrauern? Nein. Wie es kommt, ist es gut. Und er geht weiter, lacht im Weitergehen auf: „Da bin ich nun 65, gehe mit Ihnen über den Strand von Sylt und bin Intendant des Ohnsorg-Theaters."
Links ragt das Steilkliff auf, rostrot, bröckelig. Jeden Winter nagt das Meer daran, und schon sehen Horror-Visionäre Sylt allmählich wieder dorthin verschwinden, woher es einmal vom Meeresboden aufgestiegen ist.
Wir haben die Höhe von Wenningstedt erreicht, im Sylt-Ensemble das klassische Familienbad. Nicht so exklusiv wie Kampen, nicht so rauh wie im Norden List. Bunter, lauter als Keitum, das „grüne Inselherz" im Osten mit seinen Teestuben und Kunsthandwerkern. Aber bei weitem nicht so laut wie Westerland, Sylts Prairie Saloon, der für alles steht, was Nostalgiker an „ihrer" Insel beklagen. Die sei dreckig und zersiedelt und nur noch teuer. Dennoch. Der Norden hat kein begehrteres Urlaubsparadies. Und Regenerationsprozesse sind im Gange, seit der Mitte der 70er, als eine Bürgerinitiative, die erste in Deutschland überhaupt, den Bau von „Atlantis" verhindert hat, einem 28-Stockwerke-Ungeheuer direkt am Meer.
Kein „Atlantis" am Strand von Westerland. Nur die Kurpromenade wie immer, wo der Strandwächter nicht glauben will, daß wir wirklich zum Ohnsorg-Ensemble gehören. Das wartet im Hotel auf uns, Karl-Heinz Kreienbaum, Manfred Bettinger, Beate Kiupel. Und Viola Weiss, Walter Ruppels zweite Frau. Das erste Mal spielt sie im Ohnsorg-Ensemble und hatte sich gesträubt: „Ich als Frau des Intendanten ... wie sieht denn das aus..."
Gut. Davon hat sie ihr Mann überzeugen können. Wie er viele davon zu überzeugen versteht, was für sie das Beste ist und gleich auch gut für sein Theater. Das mag seine Stärke sein in einer Zeit, da die Gleise für die Ohnsorg-Zukunft gelegt werden müssen. Und wohl auch gelegt worden sind.

Wer sie aber befahren wird?
Schon bei unserem Sylt-Besuch macht ihm sein Asthma schwer zu schaffen. Ein halbes Jahr später wird zu hören sein, Walter Ruppel beabsichtigt nicht, über Ende '94 hinaus Intendant an den Großen Bleichen zu bleiben. Wie hatte er auf Sylt doch auch gesagt? „Nein, plattdeutsch enden muß ich nicht."
Am nächsten Tag war es zurück nach Hamburg gegangen.
Der Zug erreicht den Hindenburg-Damm. In Ruppels Geburtsjahr 1927 gebaut, und alles Sylter Unheil komme von diesem Damm, wie es immer wieder heißt. Vor allem die in ihrem natürlichen Kreislauf gestörten Strömungen rund um die Insel, und überhaupt sei seit dem Damm die Insel keine eigentliche Insel mehr: „Damals kamen die Mäuse. Und die Fremden."
Aber ohne Fremde hätte Sylt nicht bestehen können.
Westerlands Wallstreet-Skyline versinkt in Nebelschwaden. Lärm im Abteil. Schuljugend, einige erkennen die Schauspieler. Den Intendanten keiner. Der ist noch in Gedanken, sieht zum Fenster hinaus: „Nicht alles in meinem Leben war gut. Aber eigentlich nichts langweilig."

Mit Hans Stüben in Elmshorn
„Ich lebe lieber mehr im Freien"

Von Sylt bis Hamburg sind es drei Intercity-Stunden, und die letzte Station vor Hamburg heißt Elmshorn. Kein Aufenthalt, der Zug braust durch, man weiß kaum, daß man eben in Elmshorn gewesen ist. Und was weiß man überhaupt von Elmshorn?

Eine Teppichstadt. Mit dem größten Teppichhaus der Welt. Die Blumenstadt mit Großgärtnereien ringsum. Die Pferdestadt. Fritz Thiedemann wurde hier Ehrenbürger, nach seinem Wunderwallach „Meteor" ist eine Straße benannt. Für Tennis-Fans: Michael Stich kommt aus Elmshorn.

Doch sonst?

Werner Bergengruens Feuilleton über Kreiensen kommt in den Sinn. Über jenes Städtchen im Niedersächsischen, das alle nur als Umsteige-Bahnhof kennen. Aber hat jemand Heimweh nach Kreiensen? Nennt es irgendwer Heimat? Wer lebt in Kreiensen? Oder in Elmshorn?

Zum Beispiel Hans Stüben. Gelernter Zimmermann, Technischer Leiter am Ohnsorg-Theater, Chef der Werkstätten mit ihren dreizehn Technikern. Der sitzt in seinem Elmshorner Wohnzimmer, schenkt Kaffee nach, gießt Kognak ein, stellt fest: „Hier bin ich geboren. Und nichts bringt mich von hier weg." Obwohl er nach Hamburg hätte ziehen können, ganz dicht beim Theater. Aber nichts da. Auch wenn es jeden Tag eine Stunde Fahrweg bis zum Arbeitsplatz ist. Doch: „Ich lebe nun mal lieber mehr im Freien."

Auch wenn Elmshorn nicht mehr gar so frei ist.

Drüben im Haus gegenüber wurde Hans Stüben 1931 geboren.

Damals war alles noch offenes Land gewesen. Jetzt reiht sich Haus an Haus, die Schotterwege wurden Asphaltstraßen, und ländlich-bäurisch wie damals wirkt gar nichts mehr. Doch viel Grün ist geblieben. Wie im Trotz gegen die böse Lesebuch-Behauptung, Elmshorn sei eine kleine häßliche Industriestadt voll qualmender Schlote und verschwärzten Backsteins. So was schmerzt. Und rasch wird aufgezählt: Stadtpark, Krückau-Park, Lieth-Wald. Lauter grüne Lungen. Und die Liether Kalkgrube.

Die ist nicht nur grün, sondern sehenswert. Bis in die zwanziger Jahre hat dort eine Brennerei den Lehm für ihre Ziegel abtragen lassen. Die Brennerei gibt es nicht mehr. Die Kalkgrube wurde Naturschutzgebiet, dreißig Meter tief, und in der Mitte liegt ein kleiner See. Die herbstlich buntgefärbten Bäume spiegeln sich darin. Und die Lehmwände in allen Farben bis zum zarten Grün.

Ein kleiner Farbenrausch. Das Naturerlebnis. Wir stehen und staunen. Hans Stüben freut sich. Am Telefon hatte er herumgedruckst. Was er uns denn groß zeigen könne in Elmshorn, das doch eigentlich nichts zum Schauen zu bieten habe. Kein Schloß, doch immerhin eine Schloßstraße. Dann die Trabrennbahn mit dem Reitercasino. Und ein Weißes Haus wie in Washington, nicht ganz so prächtig, dafür behaglicher, mit seinem Tulpenbaum im Vorgarten und dem weißgestrichenen Staketenzaun davor. Ein Haus mit Geschichte. 1894 von einem Sanitätsrat gebaut, 1916 weiterverkauft, 1945 Quartier des Britischen Stadtkommandanten, der auf der Straße davor die Siegerparade abgenommen hatte. Die hatte eben noch Adolf-Hitler-Straße und nun Aliston Road geheißen.

Ferne Nachkriegszeit. Fast schon so fern wie jener 27. Dezember 1863, als im Abwehrkampf gegen Dänemark, aber auch in Sorge vor dem schon drohenden Zugriff Preußens die Holsteiner einen Herzog aus dem Haus Augustenburg gewählt hatten und ihm hier bei Elmshorn auf dem Propstfeld den Treueeid leisteten.

Vergangenheit das alles, wie die Vereinnahmung durch Preußen. Wie die Nazi-Zeit. Die Aliston Road heißt schon längst wieder Schulstraße, das Weiße Haus wurde von der

Stadt als Standesamt übernommen, wo man sich in Holsteins schönstem Hochzeitszimmer trauen lassen kann, hinter dem Neo-Renaissance-Prunk einer Fassade aus Elmshorns bester Zeit.
Damals, kurz vor der Jahrhundertwende, als die Landschaft zur Industriestadt geworden war. Leder, Margarine, Fleischwaren waren die wichtigsten Elmshorner Erzeugnisse. Und die Produkte der zahlreichen Mühlenbetriebe, darunter die Stüben-Mühle, ein Familienunternehmen. Heute leitet es Hans Stübens Bruder Theodor.

Krückau-Ufer: Lebensnerv, als Elmshorn noch Industriestadt war.

Auch er selbst hat dort gearbeitet, fast zwanzig Jahre lang. Bis ihm Anfang der 70er Jahre Cousine Christa Wehling den Tip gab, am Ohnsorg-Theater sei eine Stellung als Techniker vakant. Das wurde der große Wechsel. Nicht nur von einem Job in den anderen. Auch in eine ganz ungewohnte Welt. Wenigstens für den Mann aus Elmshorn, der zuvor noch nie ein Theater von innen gesehen hatte. Doch „das lernt man". Die Technik, das mit der Beleuchtung und alles andere auch.
Wie man bei Premieren mit den Schauspielern bibbert, als müßte man gleich selbst hinaus auf die Bühne. Wie man aufatmet, wenn endlich der letzte Vorhang fällt und alles wieder einmal überstanden ist. Oder wenn gleich zu Beginn Applaus aufkommt, weil das Bühnenbild so schön ist: „Der gilt ja auch ein bißchen mir."
Weil er dieses Bühnenbild technisch möglich gemacht hat. Rund dreißigtausend Mark pro Produktion stehen dafür zur Verfügung, herzlich wenig im Vergleich mit anderen Theatern, und darüber kann sich Hans Stüben nur sehr wundern: „Wenn man weiß, wie die mit Geldern völlern dürfen und wie wenig oft dabei herauskommt."
Bevor ihn 1981 Konrad Hansen zum Technischen Leiter berief, war er auch bei den Ohnsorg-Abstechern dabei, quer durchs Land auf dem Lastwagen mit den Kulissen. Nicht so bequem wie heute, „luftgepolstert und so, ne, das war ja ein ganz einfacher Lastwagen mit harten Bänken, der hatte eigentlich einer Kohlenhandlung gehört". Aber seltsam. Dennoch war alles früher ein bißchen lustiger als heute, „oder kommt mir das nur so vor, weil ich älter bin?" Da geht es nun nicht mehr nach der Rückkehr am Hamburger Dammtorbahnhof auf ein Bier ins „Bayerische Nationaltheater", das Hofbräuhaus, und bei Abstechern nach Elmshorn nicht mehr hinterher zu Stübens, wo die Vorstellung kräftig gefeiert wurde.
Man feiert gern in der Krückau-Stadt, und am Ohnsorg-Theater schmunzelt man darüber ein wenig. Aber das läßt Hans Stüben unberührt: „So sind wir Elmshorner nun mal." Die feiern ihren Faschingsdienstag mit dem traditionellen Graue-Erbsen-Essen und haben ihre Flora-Woche und in der Flora-Woche das Fest der Feste, das Elmshorner Hafenfest.

Dann wird es bunt und laut am Krückau-Ufer. Heute ist es dort still. Ein Schlepper schiebt sich bedächtig durch das braunschmutzige Wasser der Elbe entgegen, und Hans Stüben sieht ihm nach: „So sind wir Jungens den Fluß hinuntergefahren, mit Segelbooten, aber mit Motor dabei, weil doch auf der Krückau keine Brise weht, und unten, wo sie in die Elbe fließt, war der Badeplatz für Kinder."
Den gibt es nicht mehr. Auch keine Werft, und die Krückau ist nicht mehr Lebensnerv der Stadt. Hamburgs Schatten ist zu groß geworden, „wir werden ja immer mehr von einer kleinen Industriestadt zu einer Schlafstadt", und viele machen es schon wie Hans Stüben. Die leben hier, finden aber ihren Job in Hamburg. Das verändert die Stadt. Aber nicht so sehr die Menschen: „Die sind eigentlich wie früher auch. Hier kennt noch jeder jeden." Auch wenn jemand erst vor kurzem nach Elmshorn gezogen ist. Wie Stübens nächste Nachbarn: „Wenn irgendwas gefeiert wird, sind die dabei." Lebensqualität Provinz. Der eine ist sie von Kindheit an gewohnt und mag davon nicht lassen, der andere eignet sie sich erst an. Wie Christian Seeler, Ohnsorg-Geschäftsführer bis 1992. Ein geborener Hamburger. Aber auch er lebt in Elmshorn. Weil es hier ruhig ist und schön für Kinder und nicht so teuer wie in der Hansestadt.
„Sein" Norddeutschland liegt aber weder in Elmshorn noch in Hamburg, sondern mehr im Osten, im Land um Mölln, der Landschaft seiner Kindheit.

Mit Christian Seeler im Möllner Land
„Alles still, und der Sternenhimmel darüber"

Dort, wo die Trauerweide ihre Äste in den kleinen Weiher hängen läßt, geht der Asphalt in Sand über, und ein Holperweg führt weiter die Anhöhe hinauf, an einem verfallenen Gehöft vorbei mit gestapelten Rüben davor. Christian Seeler sieht zurück: „Hier steht die Zeit still. Nur die Jahreszeiten ändern sich."

Um uns breitet sich das Land zwischen Ratzeburg und Mölln. Keine schrillen Kontraste und dramatischen Aufschwünge, alles eher gedämpft und in Pastell gehalten, viel mattes Grün, dazwischen das Gelb der Felder, das Blau der Gewässer. Vom „Land der Salzstraße" sprechen Prospekte, nicht ganz korrekt, denn eine „Salzstraße" im eigentlichen Sinn hat es nie gegeben, weder hier noch anderswo. Doch rumpelten hier im Mittelalter die Karren mit ihren Salzladungen von den Lüneburger Salinen zum Lübecker Hafen durch, und so anders als jetzt kann es damals hier kaum ausgesehen haben.

Christian Seeler hat sich wieder zurückgelehnt. Anfang dreißig, die Frage gewohnt, ob er wohl mit dem Fußball-Idol gleichen Namens verwandt sei. Ist er nicht. Aber mit dem früheren Hamburger Senator Hans-Joachim Seeler. Der ist sein Vater. Und hatte in dieser Gegend vor zwanzig Jahren ein Bauernhaus gekauft, für ganze siebzigtausend Mark.

Es stand damals schlecht um die Region. Vom Mecklenburger Hinterland abgeschnitten, die Landwirtschaft im Rückzug. Bauernhäuser wie das hier waren wohlfeil gewesen. Halb verfallen, eine frühere Hühnerfarm. Im verwilderten Garten zwischen den Apfelbäumen hatten noch die Ställe gestanden. Die

In Mölln begraben, mit einem Brunnen geehrt: Till Eulenspiegel.

sind verschwunden. Die Apfelbäume nicht. Ihre kleinen roten Früchte liegen überall im Rasen verstreut, Christian Seeler fischt sich einen, beißt hinein: „Das hier war sozusagen der Abenteuerspielplatz meiner Kindheit." Und für den Vater die Erfüllung eines Lebenstraums.

Einmal Bauer sein. Das war seine Sehnsucht gewesen. Wie für den Sohn das Theater. Mehr verschwommen allerdings, „eigentlich wußte ich gar nicht, was ich wollte". Da war zunächst einmal die in der Hansestadt übliche Handelslehre fällig gewesen. Und dann doch noch das Theater, nun gleich mit einem Paukenschlag.

Der Jung-Schauspieler kleckerte nicht lange. Er klotzte und gründete, kaum der Schauspielschule entronnen, gemeinsam mit Wilfried Dziallas eine eigene Theatertruppe, produzierte gutverkäufliche Weihnachtsmärchen und steckte den Gewinn in anspruchsvolle Projekte. Die Rechnung ging nicht so ganz auf, am Ende stand die Pleite. Aber Christian Seeler hatte seine erste Lektion in Sachen Theatermanagement gelernt und konnte sie brauchen, als er in der Spielzeit 82/83 in den Großen Bleichen anfing.

Als Schauspieler und nur als Gast zunächst, unter anderem als Engel im „Faust". Da hatte er sich gleich ein allererstes Mal heftig wundern müssen: „Eine so kleine Rolle, und statt einer Doppelbesetzung holt man einen Gast ans Haus." Das dachte nun schon der Theater-Manager, dem bald darauf Helmuth Kern väterlich riet: „Du wirst dich entscheiden müssen, was du vor allem bist, Künstler oder Kaufmann."

Wir sind über den Stacheldraht am Ende des Gartens geklettert, gehen durch kniehohes Gras den Hügel hinauf. Wälder ringsum, Norddeutschlands dichtestbewaldete Region, ein Paradies für Jäger. Heute feiern sie ihren Hubertus-Gottesdienst. Drüben in Mölln in der Nikolai-Kirche. Von ihrem Hügel sieht man über die halbe Stadt. Winklige Straßen, verwinkelt ineinandergeschobene Ziegeldächer, viel Fachwerk. Recht genau, was man eine schöne alte Stadt nennt. Das ist Mölln. Anders als die ungeliebte Schwester Ratzeburg, in der gnadenlos der Nachkriegs-Beton verbaut worden ist.

Dafür hat man in Ratzeburg einen Dom aus dem 12. Jahrhundert mit einem Bronzelöwen des Welfenherzogs Heinrich davor, und in Ratzeburg hat der Dichter und Bildhauer Ernst Barlach seine früheste Jugend verlebt, hier liegt er auch begraben.

Wie drüben in Mölln Till Eulenspiegel. Senkrecht, wenn die Sage stimmt. Und die Möllner wissen ihren berühmtesten Toten zu ehren, haben ihm den Eulenspiegel-Brunnen errichtet, gleich neben dem Rathaus, durch dessen Spitzbogenfenster Christian Seeler bei der Hinfahrt gespäht hatte: „Hier habe ich 1985 geheiratet." Im selben Jahr, in dem er an den Großen Bleichen Geschäftsführer und damit Nachfolger des gerade verstorbenen Karl Ragotzky geworden war.

Ragotzky, kein Geheimnis, hatte sich immer mehr als Schauspieler und Autor, dann erst als Kaufmann und Organisationsmensch gefühlt. Auch nicht unbekannt, daß er und sein Intendant Konrad Hansen einander nicht ausstehen konnten. Nicht zum Vorteil der laufenden Geschäfte. Den korrekten Senatorensohn Christian Seeler hatten beim ersten Einblick in die Ohnsorg-Bücher kalte Schauer überrieselt.

Schon einmal hatte das Theater einen brillanten Geschäftsführer gehabt, Walter Scherau, dessen erste, oft einzige Frage an neue Ensemble-Mitglieder war: „Was glaubst du, was du bei uns denn so verdienen kannst?" Ein Original nicht nur auf der Bühne, allerdings in einer Zeit, als noch nach dem Prinzip gewirtschaftet werden konnte: „Haben wir am Jahresende zehntausend Mark über, freuen wir uns alle. Fehlen ein paar Tausender, sind wir alle furchbar traurig."

Bei Seelers Amtsantritt war man vor allem traurig. Denn es fehlten gleich etliche hunderttausend Mark. Ohnsorg erwies sich als hoffnungslos überschuldet. Und Seeler erkannte: Das lag nicht an sinkenden Einnahmen, sondern an mangelnder Nutzung bestehender Möglichkeiten. Er ging an die Neuorganisation. Mit ihm zog in den Großen Bleichen das Computerzeitalter ein. Also Einführung von EDV bei Kartenverkauf und Abonnementswesen, neue Abonnementsformen. Dazu bessere Nutzung des Abstecherwesens und Tourneen in eigener Regie. Heute floriert das Ohnsorg-Theater wie kaum eine andere deutsche Privatbühne.

Ob dies nicht auch seinen Preis gehabt habe, will ich wissen, als wir im Gras nebeneinandersitzen und über die beruhigende Weite der Möllner Landschaft schauen. Den Preis eines stromlinienförmigen Busineß-Denkens, wo Leistung und Erfolg am Ende purer Selbstzweck werden.

Christian Seeler kennt das Argument. Er setzt dagegen: „Künstlerische Risiken machen nur auf finanziell gesichertem Boden Freude, wo nicht gleich jedes Experiment die wirtschaftliche Existenz in Frage stellt." Das zu erreichen sei sein Ziel gewesen. Und er steht auf: „Wenn aber das Ziel erreicht ist, sollte man gehen."

Weshalb er denn nach neun Jahren Ohnsorg insgesamt das Theater zum Ende der Spielzeit 92/93 verlassen hat.

Wir kehren zum Haus zurück, und Seeler sieht zum wolkenlos blankgescheuerten Herbsthimmel hinauf: „Jetzt müßte Nacht sein. Alles so still hier, daß man die Stille zu hören meint, und darüber dann dieser unglaublich klare Sternenhimmel..."

Doch keine Zeit für Atempausen. Gleich geht es wieder zurück nach Elmshorn. Ein Großprojekt wartet: dreizehn Produktionen für die „Holsteiner Komödianten", das erste niederdeutsche Bildschirm-Volkstheater für den Privatsender RTL, Moderation: Heidi Kabel.

The show must go on. Und Busineß gehört dazu. Seeler kennt und beherrscht diese Formeln. An seinem einstigen Schreibtisch in den Großen Bleichen hat indessen eine junge Frau Platz genommen. Petra Wilckens aus Bramstedt.

Auch sie hat uns in die Landschaft ihrer Kindheit geführt.

Mit Petra Wilckens in Bad Bramstedt
„Ein Paradies erkennt man hinterher“

Vielleicht ist es nicht *in*, aus Bramstedt zu kommen. Obwohl es doch ein Heilbad ist, mit Europas größter Reha-Klinik für rheumatische Erkrankungen und bald dreihundertjähriger Kur-Tradition. Doch sagt zum Beispiel einer wie der Modezar Karl Lagerfeld gern, er sei Hamburger. Obwohl er doch aus Bramstedt stammt.
Petra Wilckens stammt nicht aus Bramstedt. Nicht so richtig. Für sie ist der Ort immer nur das Ferienparadies im Sommer oder an den Wochenenden gewesen. Wer aber etwas gegen Bramstedt sagt, fordert ihren Zorn heraus. So wie sie schon als

Ein bißchen Kuhdunst, Landluft: Kontrapunkt zum Management.

Kind kein zweites Mal Freundinnen einlud, die das Bad zwar ganz schön, aber auch ziemlich langweilig gefunden hatten. Damals war es von Hamburg eine gute Stunde gewesen. Inzwischen dauert es keine halbe mehr, und nach der Fahrt über die Autobahn taucht man in Bramstedt wie in eine Oase ein, voll Ruhe, Grün und guter Luft. Kurbad-Atmosphäre. Man meint vom Kurpavillon her Geigenklang und Toselli-Serenaden zu hören. Spricht unwillkürlich leiser, als wäre auf Genesende Rücksicht zu nehmen. Und steht schließlich in Bramstedts Süden vor dem Jagdhaus. 1911 gebaut. Eigentlich Heim des Bramstedter Jägervereins. Bis dieser Verein auf genau zwei Mitglieder geschrumpft war, Großvater Wilckens und seinen Bruder. Die kauften es als Sommersitz für die Familie.
Familie?
Die Wilckens sind mehr in Bramstedt. Fast schon eine Dynastie. „Prinzeßchen" raunte es Petra Wilckens hinterher, wenn das hübsche Mädchen durch Bramstedts Straßen radelte. Allerdings: „Das waren mehr die alten Leute, die noch wußten,

Welt der Kindheit: Paradies, aus dem man nicht vertrieben wird.

was vor ihrer Übersiedlung nach Hamburg die Wilckens mal für Bramstedt bedeutet hatten.“ Daß zum Beispiel der Urgroßvater einer der größten Grundbesitzer gewesen war und sich in Bramstedt das Schloß kaufen konnte, das zuvor ein Dänenkönig seiner Gespielin als Angebinde überlassen hatte.

Das Schloß, mehr kasernenhaft karg als barocken prächtig, ist heute städtischer Besitz. Petra Wilckens ist gerade ein einziges Mal in seinen Räumen gewesen. Ihr Bramstedter Zuhause ist das Jagdhaus.

Hier blieb alles so vertraut, wie nur die Stätte der Kindheit vertraut sein kann. Jeder Winkel im Haus, der Garten dahinter mit seinen Birken, Tannen und Apfelbäumen. Der Teepavillon, der Schuppen voll Spielzeug aus der Kindheit. Eine kleine heile Welt mit einem Hauch Theater dabei, wie er zu solch konservierten Paradiesen gehört. Und ein wenig auch zu Petra Wilckens.

Eine, die schon bei Schüleraufführungen ganz selbstverständlich die Hauptrolle spielte. Mit einer Stimme, so kräftig, „daß man mich noch in der letzten Reihe hörte“. Aber das allein, wurde ihr klar, reichte wohl doch nicht, um beim „richtigen“ Theater Glück und Befriedigung zu finden.

Also Handelslehre. Studium. Und eine Abschlußarbeit zum Thema „Marketing im Theater“. Das war auch ihr Berufsziel. Und sie griff zu, als sich die Chance bot, Geschäftsführerin am Ohnsorg-Theater zu werden. Auch wenn das kaum die Bühne ist, auf deren Brettern zu stehen sie einst geträumt hatte.

Aber sie mag das Theater. Weil es so überschaubar ist. Die eigene kleine Welt. Fast wie eine Puppenstube. Oder wie das Jagdhaus in Bramstedt.

Allerdings nur fast.

Ohnsorg bleibt zugleich das mittelgroße Wirtschaftsunternehmen mit rund hundert Arbeitsplätzen, acht Millionen Umsatz pro Jahr und wenigstens acht Produktionen, die über siebenhundert Mal im Haus, auf Abstechern und Tourneen verkauft sein wollen. Harte Fakten. Ein hartes Geschäft. Und zuweilen auch knallharte Überforderung?

Wir sitzen unter den Birken, zwischen denen gleich Tschechows „Möwe“ aufflattern könnte. Petra Wilckens hält die

Hände ums Knie geschlungen: „Ich weiß, was man von mir erwartet. Daß ich alles ganz anders, aber genauso gut wie Christian Seeler mache.“ Und weiß zugleich, daß sie kein anderer Christian Seeler sein kann.

Den kann man mitten in der Nacht anrufen und nach Zahlen, Namen, Daten fragen. Er hat sie bereit. Bei Petra Wilckens kommt es schon mal vor, daß sie auf Anhieb nicht weiß, wie viele Abstecherorte bespielt werden oder ob jemand eigentlich schon mal am Ohnsorg-Theater gearbeitet hat. Weil sie es mehr menschlich-heimelig mag als stressig perfekt. Auf daß die kleine Welt heil bleibe. Samt allen kleinen Unzulänglichkeiten.

Doch heile Welten sind allzeit bedroht. An den Großen Bleichen wie in Bramstedt.

Hinter den Baumwipfeln ragt ein Baukran auf. Die Reha-Klinik wird erweitert. Mehr Leistung, mehr Gewinn. Das ist auch hier die Devise. Sie hat ihren Preis. Schon liegt die nächste Baustelle keine fünfhundert Meter weit entfernt und schiebt sich immer näher ans Jagdhaus heran, wo sich Petra Wilckens an Zeiten erinnert, als alles hier ringsum nur Wald war: „Manchmal habe ich das Gefühl, als müßte ich von allem Abschied nehmen, was hier einmal war.“

Auch drüben in der Stadt. Auch sie gleicht immer weniger dem Städtchen, über dessen Prachtstraße am Bleeck der Teenager schlenderte, das Eis ihres Lieblingsitalieners schleckte und hinüber zum Schloß sah, wo noch immer das Portrait ihres Ahnherrn hängt.

Der Roland davor sieht eher verdrießlich drein. Wie warnend streckt er das Schwert in seiner Faust aus, Zeichen einer alten Zeit. Die neue hat längst ihre eigenen Zeichen gesetzt.

Durch den Bleeck dröhnt der Durchgangsverkehr. Und der Lärm verschluckt fast Petra Wilckens kleinen Seufzer: „Paradiese erkennt man wohl immer erst, wenn sie nicht mehr selbstverständlich sind.“ Als sie noch durch die Bramstedter Auen geradelt, im moorigen Waldbad geschwommen war.

Oder als es hinüberging zu den Karl-May-Spielen am Kalkfelsen von Segeberg. Das war dann das Größte überhaupt. Der Höhepunkt jedes Feriensommers. Der Besuch jener Festspiele, deren Leiter heute Ohnsorg-Schauspieler Jürgen Lederer ist.

Mit Jürgen Lederer bei den Segeberger Karl-May-Spielen
„Ich brauche immer meinen Garten"

Was wäre Salzburg ohne Mozart, Bayreuth ohne Wagner? Immer noch sehr schöne Städte. Und Segeberg ohne Karl May? Es braucht ihn nicht. Eigentlich.
Auch ohne seine Festspiele bliebe das Bad ein attraktiver Kurort mit einem ganzen Katalog abhakbarer Baedeker-Sehenswürdigkeiten: die Marienkirche, eines der ältesten romanischen Gotteshäuser nördlich der Elbe; das Bürgerhaus von 1606; überhaupt die Altstadt; und das klassizistische Rathaus. Also alles in allem und ohne Festspieltrubel: eine gepflegte Stadt mit fünfzehntausend Einwohnern inmitten einer typischen holsteinischen Seen- und Waldlandschaft. Das Tor zur Holsteinischen Schweiz.
Doch nun diese Spiele.
Nicht jeder mag sie. Manche schimpfen über sie. Über den Ruch von rüdem Kommerz, der so dick darüberhängt wie der Gestank von Grill und Fritten. Über all den schrillen Jahrmarktzauber, die Menschenmassen, vollgepfropfte Parkplätze. Und ein bißchen über Karl May, diesen sächsischen Wildwuchs-Fabulierer mit der düsteren Zuchthäusler-Vergangenheit.
Dann aber kommen Augenblicke. Die versöhnen wieder.
Das Lied vom Tod dröhnt. Hufe klappern. Sand spritzt auf. Eine sanfte Staubwolke legt sich über die ersten Zuschauerreihen. Die Musik zieht ins sämig Süße hinüber. Erkennungsbeifall. Dies ist der Sound aus allen Karl-May-Streifen der 60er. Jubel schließlich. Denn nun reiten zwei alte Freunde ein, und gleich wird Winnetou wieder einmal unendlich edel sein und Old Shatterhand unendlich klug und tapfer.

Das sind Momente, von denen Knabenherzen aller Altersstufen träumen. Selbst heute noch im Zeitalter von Video und Kabel. Erst recht damals in den erlebnishungrigen 50ern, als Segebergs Bürgermeister Kasch den pfiffigen Einfall hatte, wie man dem durch die Flüchtlingsströme explosiv angeschwollenen Städtchen zu Arbeitsplätzen und seinem Fremdenverkehr zu einer weiteren Attraktion verhelfen konnte. Der Knabentraum „Karl-May-Spiele“ war geboren. Einer träumte ihn nicht. Der wußte gar nicht, daß es so was wie diese Festspiele gab, obgleich er ganz in der Nähe zu Hause war. Und mit Theater hatte er sowieso nichts im Sinn.
Da war das Dorf, der Hof der Großeltern. Dort wuchs er auf, sprach nur Platt. Einer, der am liebsten mit Tieren herumtobte, auf Bäume kletterte und schließlich zur Aufnahmeprüfung an der Hamburger Staatlichen Hochschule für Darstellende Künste geradezu gezwungen werden mußte.
Immerhin lernte er dafür den Mephisto und wußte, daß ein sehr berühmter Mephisto-Darsteller namens Gustaf Gründgens stets das rechte Auge hochzog. Das tat er auch. Und hatte prompt bestanden.

Schöne Pferde: die wahren Stars von Segebergs Karl-May-Spielen.

Der junge Mann hieß Jürgen Lederer.
Schauspielschule, dann Engagements in Rendsburg, Braunschweig, Luzern. Eine solide Stadttheaterlaufbahn. Meist ließ man ihn, hochgewachsen wie er war, die Helden spielen, „obwohl ich mich selber als Komiker verstand“ und komische Rollen noch heute seine besten sind. Doch der blaue Blick, das blonde Haar, breite Schultern, schwellende Muskeln: alles war da, was zum strahlenden Naturburschen gehört. Lederer braucht ihn eigentlich nicht zu spielen. Er blieb es in seinem Wesen bis heute, mag sich inzwischen auch über die anfängliche Urwüchsigkeit ein Firnis aus Cleverneß und Wirkungsbewußtsein gelegt haben. Aber der Hunger nach Natur und Ursprünglichkeit ist da, ist echt. Auch der nach Unabhängigkeit. In seinen Worten: „Ich will immer meinen Garten für mich haben.“ Und dort Sport und Pferde und frische Luft.
Die weht auch, wenn er auf der Bühne steht. Am liebsten spielt er dort herzhafte Bauernburschen. Und kann mit einem blutleeren Dramaturgentheater wie bei seiner letzten Stadttheater-Station in Dortmund nichts anfangen. Weshalb er denn 1985 zurück in den Norden ging und sich zunächst als Gast, dann fest am Ohnsorg-Theater verpflichten ließ.
Lederer bekam gleich dickste Rollenbrocken in den letzten ehrgeizigen Hansen-Projekten, dem „olen Lier“ nach Shakespeare und der szenischen Moritat vom „wohren Störtebeker“. Zugleich spielte er 1986 ein letztes Mal den Old Shatterhand. Hier in Segeberg vor dem berühmten Kalkfelsen.
Gewissermaßen der Schicksalsfelsen dieser Stadt, wo 1134 Kaiser Lothar III. die „Siegesburg“ als Keimzelle des künftigen Segeberg hatte bauen lassen. Wo 1913 zwei Schuljungen beim heimlichen Rauchen eine Höhle im Kalkfelsen gefunden hatten, den Einstieg zu einem fast tausend Meter langen Labyrinth aus Grotten und Gängen. Und vor dessen grandioser Kulisse die Karl-May-Spiele ablaufen.
1992 zum einundvierzigsten Mal. In diesem Jahr war Lederer zurückgekehrt. Nicht als Shatterhand allerdings, den er in sechs Festspielzeiten unter drei Intendanten verkörpert hatte. Nun war er selber Intendant.
Ein Juni-Morgen, fröstelig frisch. Lederer sieht von der ober-

sten Sitzreihe des steil ansteigenden Zuschauerrunds zur Felswand hinüber. Die hatte er sich allabendlich hinunterlassen müssen, dreißig Meter tief. Das erste Mal noch voller Angst. Da hatte er sich die Tage zuvor mit einem Buch auf die äußerste Felsenspitze gesetzt, hatte gelesen, hinuntergeschaut, wieder gelesen, sich allmählich an den Blick in die Tiefe gewöhnt. Denn privat ist er nicht der Held wie in vielen seiner Bühnenrollen, und Mut ist für ihn „Angst, die man überwindet".
Er kann diesen Mut brauchen. Auch wenn er nicht mehr an der Felswand hängt. Aber auch ein Festspiel-Intendant ist besser schwindelfrei.
Das Jahr '91 hatte mit mehr als dreihunderttausend Besuchern einen Rekord gebracht. Der Erfolg trug einen Namen. Der hieß Pierre Brice. In ihm hatten die Festspiele ihren König. Nun ist er nicht tot, aber in Pension. Wird je wieder einer leben?
Lederer verneint es: „Einen solchen absoluten Top-Star kann man sich nicht backen. Den hat man oder nicht. Wir müssen ihn nicht haben."

Naturkulisse plus Papp-Saloon: am Segeberger Kalkfelsen.

Er setzt auf andere Show-Werte, auf größeren technischen Aufwand, mehr ästhetische Raffinesse. Auf bessere Karl-May-Dramatisierungen. Und auf ein gewachsenes Ensemble, aus dem dann vielleicht noch einmal ein gestandener Star hervorgehen wird. Das Ziel ganz allgemein: „Gutes professionelles Unterhaltungstheater." Der eigene Garten liegt nun am Kalkfelsen von Segeberg.

Unten im Halbrund wird geprobt. Die Stentorstimme vom rumänischen Regisseur Sergiu Nicolaescu dröhnt mit unverkennbarem Akzent: „Die Pferdä allä genau in Reihä, bittä!" Es ist kalt. Manche Rothaut schillert blau. Old Shatterhand schält sich aus seiner Lammfelljacke und legt sie fürsorglich einem nackten roten Bruder um die bibbernden Schultern. Teamgeist herrscht.

Man braucht ihn. Denn nur für die Zuschauer sind die Spiele das seifenblasenbunt schillernde Vergnügen, für die Mitwirkenden jedoch der blanke Streß. Oder mit den Worten des Shatterhand-Darstellers Christopher Barker, Sohn des großen unvergessenen Kino-Shatterhand Lex: „Eine Militärschule für Schauspieler."

Dennoch scheint sie manchen Spaß zu machen. Den beiden zum Beispiel, die eben hoch zu Roß und Esel einreiten. Lang und dünn der eine, klein und zierlich der andere. Don Quijote und Sancho Pansa. Der lange Dünne winkt herüber, strahlt über beide sonnenverbrannte Apfelbäckchen: „Hier bin ich zur Rothaut geworden." Hanno Thurau vom Ohnsorg-Theater, seit 21 Jahren Ensemble-Mitglied an einem Haus, das ihm Heimat, Nährboden, das eigentliche Zuhause war.

Ein begnadeter Charakterkomiker. Hier in Segeberg ein erstes Mal, „obgleich völlig unsportiv", bei einem Freilichtspiel dabei. Und nach der Probe hatten wir über dieses Buch gesprochen. Er wollte mit uns gern nach Greifswald fahren. Dorthin, wo er aufgewachsen war. Darauf freute er sich, rief gleich nach den Festspielen an: „Keine Angst, bin bald wieder ganz fit!" Da war er schon sehr krank.

Am 15. Oktober 1992 ist Hanno Thurau gestorben, erst 52 Jahre alt.

Mit Jochen Baumert im Eppendorfer WIR
„Nur noch abschlaffen, sein Bierchen trinken“

Auch der andere, der kleine Zierliche kommt vom Ohnsorg-Theater, ist dort allerdings nur Gast. Wie nun schon seit sechs Jahren bei den Karl-May-Spielen. Wo ihm Jürgen Lederer das Haus an den Großen Bleichen empfohlen hatte. Platt beherrscht er allerdings nur wie eine Fremdsprache.
Jochen Baumert aus Schlesien, 53 Jahre alt.
Anders als Thurau hat es ihn nicht in die Landschaft seiner Kindheit zurückgezogen. Ihm genügte der Gang um die Ecke. Dorthin, wo seine Stammkneipe liegt, das WIR in Hamburg-Eppendorf, schräg gegenüber dem grüngestrichenen Haus, das früher einmal das legendäre „Onkel Pö“ war mit all den Namen, die längst ihrerseits Legenden sind, Otto, Lonzo, Udo Lindenberg. Sie alle trifft man schon lange nicht mehr in Eppendorf. Nicht im „Pö“ und nicht im WIR.
Rotgestrichener Eingang, Plastikstühle auf dem Bürgersteig. Nichts Besonderes, Extravagantes, auch drinnen nicht, und der Sylter Prominentenwirt Rolf Seiche fällt mir ein: „Lokale sind unberechenbar. Der eine hängt Gold an die Wand, und sein Laden bleibt leer. Der andere stellt ein paar Holzkisten hin, und die besten Leute kommen.“
Im WIR hängt weder Gold an der Wand, noch stehen Holzkisten herum. Alles wirkt eher bieder-bürgerlich, inklusive der auf eine Schiefertafel mit Kreide hingekritzelten Speisekarte an der Wand mit Chili con carne, Krakauer Bratwurst und Toast Hawaii. Dennoch ist der Laden voll.
Der Leute wegen. Die machen ein solches Lokal. Daß man hier neben einem sitzt, mit dem man über Fußball reden kann und

mit einem anderen über Politik und mit dem dort über das wieder einmal stumpfsinnige Fernseh-Programm. Und einer hat vielleicht den neusten Film gesehen, ein anderer das neuste Buch gelesen, und der dritte erzählt aus seinem Leben.
Wie jetzt Jochen Baumert.
Wie er eigentlich hatte Bäcker werden sollen, aber von der Bühne geträumt hatte. Tenor. Operettenbuffo. Das hatte er werden wollen. Aber dann war es doch die Schauspielerei geworden. Gleich nach der Flucht aus Thüringen hinüber in den „Wilden Westen".
Der war gerade besonders wild. Die „roaring sixties" wüteten. Aufruhr, Aufbruch überall. Auch im Theater. Das war die Zeit, als man Kinder als ernstzunehmendes Publikum entdeckte und sie nicht mehr mit Peterchen auf den Mond oder in irgendeine spätkapitalistisch repressive Märchenidylle schicken wollte. Allerorten schossen progressive Kinderbühnen aus dem Boden. Das „Grips" in Berlin. Das „Klecks" in Hamburg. Jochen Baumert war dabei.

Auf der Eppendorfer Kneipenpiste: die Gäste machen das Lokal.

Das „Klecks“ gibt es inzwischen nicht mehr. Aber Baumerts Erfahrungen mit einem jungen Publikum kann er auch am Ohnsorg-Theater gebrauchen. Dort wirkt er zwar regelmäßig in „Erwachsenen-Stücken“ mit. Seine Domäne wurde jedoch das Weihnachtsmärchen. Wo er schlicht unentbehrlich ist. Als tapferes Schneiderlein. Als guter Zwerg in „Schneewittchen“ und böser in „Schneeweißchen und Rosenrot“. Die Kinder jauchzen. Dann ziehen sie befriedigt davon. Baumert auch, total erledigt.

Weihnachtsmärchen sind Knochenarbeit. Und die Weihnachtswochen schrechliche Zeiten. Jedenfalls am Ohnsorg-Theater. Wenn es bis zu dreimal am Tag das Märchen gibt und abends vielleicht noch eine Vorstellung für Erwachsene. Nach vier Aufführungen kann aber selbst ein ausgekochter Komödiant wie Baumert nur davonschleichen und höchstens noch im WIR vorbeischauen: „Einfach abschlaffen, sein Bierchen trinken.“

Den Kollegen geht es nicht anders. Doch wohin nun sie ihre Erschöpfung tragen, nach Hause oder in irgendeine andere Kneipe? Baumert weiß es nicht. Will es nicht wissen. Auf der Probe bei der Vorstellung, klar, gehört man zusammen. Danach ist es aus. Man hastet davon. Jeder für sich.

Das war nicht immer so. Es gab Zeiten, da die erste Frage nach dem letzten Vorhang war: „Kommst noch mit auf ein Bier?“ Dann fanden sich alle vorn im Theaterrestaurant ein, die Vorhänge zu den Großen Bleichen hin wurden zugezogen. Denn niemand mußte sehen, wie fröhlich es bei Ohnsorgs wurde. Wie selten es bei nur einem Bier blieb. Und wie lange man zusammenhockte, so bis drei und vier Uhr früh.

Das waren dann die Stunden, da gnadenlos gelobt, getadelt wurde. Manche Inszenierung erhielt jetzt erst ihren letzten Schliff. Über manches Stück, manche Besetzung wurde entschieden. Und manchmal zogen alle noch weiter in die Hamburger Nacht hinaus.

Einmal bis ins „Kolibri“ auf der Reeperbahn, wo die Ohnsorg-Mannen so lauthals gegen die dortigen Strip-Künste moserten, daß ihnen schließlich der Geschäftsführer die künstlerische Beratung anbot. Oder, nach einer Fernseh-Übertragung, auf

den Fischmarkt, wo das Volk seine Volksschauspieler erkannt hatte und das erst mal mit ihnen in der nächsten Kneipe feiern mußte.
Und einmal war das ganze Ensemble nach einer sehr feuchten Geburtstagsfeier am hellichten Nachmittag zu Pankokenklängen quer durch die City gezogen. Oben am Fenster seines Büros hatte aber steinernen Gesichts Hans Mahler gestanden, der Herr ohne Makel, der es selbst bei Premierenfeiern allenfalls bei einem kleinen Bier beließ.
„Er war kein Asket. Aber von Alkohol hielt er nichts", erinnert sich Rolf Bohnsack, im Kreis der munteren Zecher stets dabei. Andere hielten mehr und schließlich zuviel davon. Das war kein Geheimnis. Und das böse Wort vom typischen „Ohnsorg-Tod" ging um, Hirnschlag am Kneipentisch.
Diese Zeit war mit der Ära Hansen vorbei, und es ist wohl nicht so schade drum. „Ganz gut, daß die Sauferei ein Ende hatte", meint auch Bohnsack. Doch ein bißchen leid tut es ihm dennoch um die lustigen Jahre, die nur noch in Geschichten von damals wiedererstehen. In all den Schnurren um die vielbeschworene „Ohnsorg-Familie" früherer Tage.
Jene „Familie", an die jetzt wohl auch Jochen Baumert denkt, wenn er nach dem dritten Bier im WIR meint: „Ohnsorg ist zwar ein bißchen mein Zuhause, aber ein so richtiger Ohnsorg-Schauspieler bin ich nicht geworden."
Was mit etwas anderem Unterton auch sein Kollege und Eppendorfer Fast-Nachbar Jasper Vogt von sich behaupten kann.

Mit Jasper Vogt im Hamburger Grindelviertel
„Irgendwo findet jeder seine Familie“

Im WIR hatten wir einen Immobilienmakler getroffen, einen Synchronsprecher, einen Graphiker. Manche trifft man dort allerdings nie. Zum Beispiel Jasper Vogt, obwohl er nur wenige Straßenzüge weiter wohnt. Doch dessen Stammkneipe liegt in der Rappstraße, wo er noch vor kurzem mit seiner inzwischen geschiedenen ersten Frau gelebt hatte.

Heute hat er ihr versprochen, sich um die Katze zu kümmern. Geht durch die hohen Altbau-Räume, stößt die Balkontür auf. Draußen ein Hamburg vom Bürgerlichsten. Stuckfassaden, der Krämer um die Ecke, ein wenig Boheme in Kneipen wie „Shantil“ oder „Schwejk“. Und Vogt sieht in das Grün der Kastanien hinunter: „Als ich hier noch wohnte, wußte ich gar nicht, daß dies einmal das Viertel der Hamburger Juden war.“

Vor noch nicht so langem und nur sehr kurz. Gerade ein halbes Jahrhundert lang. Davor war die Neustadt am heutigen Karl-Muck-Platz das jüdische Zentrum gewesen. Bis die Industrialisierung kam und mit ihr die Bevölkerungsexplosion. Wohnraum wurde knapp, die Neustadt drohte Slum zu werden. Die jüdische Bevölkerung zog fort. Die ganz Feinen nach Harvestehude. Die nicht ganz so Reichen an den Rothenbaum. Und die Masse der kleinen Handwerker und Kaufleute hierher ins Grindelviertel. „Es machte einen großen Unterschied, ob einer sein Zuhause in einer Villa in der Parkallee... hatte oder in einem Mietshaus in der Rappstraße.“ So Arie Goral-Sternheim in seiner Schrift „Im Schatten der Synagoge“ (1989).

Der gebürtige Hamburger erinnert sich: „Die Juden der Parkallee und vom Rondeel, das waren die reichen, die ‚schönen‘

Juden... Der jüdische Gott dieser schönen Juden war auch nicht mehr der alte, strenge, über allem thronende Jehova wie der in den kleinen Bethäusern der Ostjuden oder der in der Synagoge aller Synagogen auf dem Bornplatz, nein, der jüdische Gott, unser König und Vater, im prächtigen Tempel in der Oberstraße, auch er war auf seine Weise schön... Er war der emanzipierte, der deutsch-liberale Gott..."
Hamburgs Juden fühlten sich sicher in seinem Schutz. Sie waren eins mit ihrer Welt, die bald schon gründlicher und grausamer zerstört werden sollte als einst das heilige Jerusalem. Vergilbte Fotos blieben davon, Erinnerungen einiger alter Leute.
Doch 1988 schien die Welt von damals hier im Grindelviertel plötzlich wiedererstanden. Geschäfte wie einst, die alten Firmenschilder. Auf Plakaten war Persil noch Persil und aus gutem Grund Juno rund. Automobile der 30er schoben sich vorüber. Schutzleute mit Tschako ließen die Stiefel aufs Pflaster knallen.
Kein Spuk, ein Film wurde gedreht. „Die Bertinis" nach Ralph Giordanos Roman über eine jüdische Familie während der NS-Zeit in Hamburg, wo man immer so stolz war auf seine liberale Toleranz. Wo schon 1860 die Juden der übrigen Bevölkerung gleichgestellt worden waren.
In Hamburg wurde aber auch der Begriff „Antisemitismus" geprägt, 1870 vom Schriftsteller Wilhelm Marr. Und schon 1890 gab es hier die Partei „Deutsch-Sozialer Antisemiten". Frühe Signale. Im Grindelviertel lief der Alltag weiter. Durch die Straßen quietschte die Straßenbahn. Der Volksmund sprach vom „Jerusalem-Expreß" und nannte das Viertel „Das neue Zion", wo die „Israel-ite" lebte. Darunter eine Frau Thalberg, die bei Trauerfeiern unentbehrlich war, da niemand so spontan wie sie in Tränen ausbrechen konnte. Sie hatte eine berühmt schöne Tochter, die später mit einem Herrn Kappelhoff nach Amerika durchbrannte, wo sie ihm ein Kind namens Dorothea gebar. Jasper Vogt: „Das war dann die spätere Doris Day."
Nicht der einzige klingende Name, der sich mit diesem Viertel verbindet. Auch der von Gustav Mahler, dem Komponisten und Direktor der Hamburgischen Staatsoper. Von Dirigenten wie Bruno Walter und Otto Klemperer. Sie alle haben hier ge-

lebt. Und die Winterfelds mit ihrem bekannt gastlichen „open house“ in der Rutschbahn Nr. 4. Deren Sohn Max hatte sich Jean Gilbert genannt und unter anderem „Puppchen, du bist mein Augenstern“ geschrieben. Auch die heimliche Hamburger Hymne „Gehn wir mal zu Hagenbeck“.
Vogt pfeift ein paar Takte. Musiker auch er. Komponiert, spielt mehrere Instrumente: „Für die Musiker bin ich Schauspieler, für die Schauspieler Musiker.“ Einer zwischen den Stühlen, immer schon, auch als er 1976 an die Großen Bleichen kam. Dort ist er Hauskomponist. Und Schauspieler in zahllosen, meist heiteren Rollen. Wozu ihm ein mahnender Satz einfällt: „Wenn Sie nicht an sich arbeiten, kommen Sie nie über Curt Goetz hinaus“, hatte bei der Schauspielprüfung Ida Ehre gesagt. Mütterchen. So wurde sie in ihrem Theater genannt, den Kammerspielen in der Hartungstraße. Wo Wolfgang Borcherts „Draußen vor der Tür“ uraufgeführt wurde und vieles andere mehr. Das mutigste, modernste Hamburger Theater gleich nach dem Krieg, eine gute, hoffnungsvolle Zeit.
Anders als die gerade durchstandene Zeit zuvor, als in der einstigen Kaufmannsvilla der Jüdische Kulturbund seinen Sitz hatte, jene Zwangsvereinigung von Künstlern, die von 1937 an

Bürgerliche Prächtigkeit: Stuckfassaden im Grindelviertel.

verzweifelt Normalität vorzutäuschen hatte. Bis es auch diesen Kulturbund nicht mehr gab.
Achttausend Juden aus Hamburg sind ermordet worden. Wenige hatten überlebt, wie Ida Ehre. Und das Viertel der Juden? Was blieb davon? Von seiner Kultur und Eigenart?
„Gehe ich heute auf dem Grindel ohne Juden umher, schnuppere ich mich zurück in die Tage von Pessach, wenn es dort nach Lokschen vulgo Schalet auf süße Art, nach Nelken und Honig, nach Mandeln und Rosinen, nach gedünsteten Apfelscheiben und nudelbräunender Butter roch." So noch einmal Goral-Sternheim. „Ach, verwehte Wohlgerüche", klagt er. Vergangen wie das meiste andere.
Kein Café Timpe mehr. Dort, wo heute die Carl-von-Ossietzky-Bibliothek steht. Das war damals der Treffpunkt der Linksintellektuellen gewesen. Verschwunden die „Synagoge aller Synagogen", die größte Norddeutschlands. Auch die andere, die „schöne", die in der Oberstraße. Die letzte überhaupt, die noch in Deutschland gebaut werden konnte.
Man steht vor Gedenktafeln. Man liest Namen. Joseph Carlebach. Wer war das noch gleich?

In seiner Kneipe ist der Gast sein eigener Pianist.

Ein Rabbi, richtig. In Riga ermordet. Direktor der Talmud-Thora-Schule im Grindelhof 30. Das Gebäude steht noch. 1939 wurde es zwangsverkauft. An wen eigentlich?
An wen all der andere jüdische Besitz? Wer zog in die Villen, die Mietwohnungen? Wer übernahm die Geschäfte? Und wer hatte damals wissen wollen, was aus ihren Inhabern wurde und all den andern, die vom 25. Oktober 1941 an abtransportiert wurden?
Fragen der Nachgeborenen. Auch Jasper Vogt, Jahrgang '45, stellt sie. Und blieb wie die meisten seiner Generation ohne Antworten von den Älteren. Bis er schließlich selber Antwort suchte, schon als Halbwüchsiger, in Büchern, auf Fotos: „Ich war geradezu süchtig danach."
Der Wissensdurst differenzierte sich. Die Neugier blieb. Und ist wohl auch eine Suche nach eigenen Wurzeln und innerer Affinität. Weshalb er uns gerade das hier als „sein" Stück Norddeutschland zeigen wollte: „Jeder findet irgendwo seine Familie. Aber nur selten ist es die biologische."
Auch die „Ohnsorg-Familie" nicht. Obwohl er nun schon siebzehn Jahre zum Haus gehört. Und dort vor allem das Plattdeutsche mag: „Die plattdeutsch Geborenen sterben allmählich aus. Nun müssen die ‚Gelernten' wie ich ran". Weshalb er auch mit eigenem plattdeutschen Solo-Programm gastiert. Und doch: „Ich werde bei Ohnsorg wohl immer ein wenig der Außenseiter bleiben."
Daran ändert auch die spezifische Ohnsorg-Popularität nichts. Dieser TV-bedingte Bekanntheitsgrad, bei dem am Morgen nach einer Sendung der Gemüsehändler schon mal herübergrüßt: „Hab' Sie gestern abend gesehen, Herr Vogt! War wieder richtig schön." Und dann ist der Salat besonders frisch, sind die Tomaten besonders rot.
Denn „Ohnsorg" bleibt in dieser Stadt ein Zauberwort, das viele Türen öffnet. Nicht nur beim Gemüsehändler. Auch bei der Alsterrundfahrt, zu der wir wenige Tage später aufgebrochen waren. Bei einem Wetter, das zu manchem einlud. Nur nicht zu einer Rundfahrt auf der Alster.

Mit Jens-Werner Fritsch auf der Alster
„Das Schönste dann: mit dem Alsterdampfer zurück“

Wenn Heidi Kabel über die Lombardsbrücke fährt, rechts die Außen-, links die Binnenalster, atmet sie tief durch und begreift wieder mal, „wie schön doch unser Hamburg ist“. Zumal an Sonnentagen.
Heute regnet es.
Wind faucht. Regen klatscht. Und das ist nicht einmal das auf seine Art ganz reizvolle Schmuddelwetter. Heute ist es einfach scheußlich.
Aber wir sind nun einmal mit Jens-Werner Fritsch zur Rundfahrt auf der Alster verabredet, und unten am Jungfernstieg-Ponton bei den zwölf Motorschiffen der Alster Touristik hebt man die Hände: „Heute? Tut uns leid, wir fahren nicht.“
Bis der Name „Ohnsorg“ fällt.
Schon startet die „Eilbek“ mit uns als einzigen Passagieren, am Steuer der blaubemützte Kapitän. Er dröhnt los: „Dies also ist die Binnenalster, im 17. Jahrhundert entstanden, als der Ring der Wälle um Hamburg gelegt wurde. Dort vorn sehen Sie schon die Lombardsbrücke und dahinter die Außenalster, mit hundertsechzig Hektar größer als Monaco...“
Hamburg vom Wasser aus. Die Alster Touristik hält sich bereit. Rundfahrt. Kreuzfahrt. Dämmertörn. Die Alster bei Tag und bei Nacht. Hamburg aufs Schönste, eine Stadt der weißen Segel und schlanken Boote, der begrünten Ufer und Villen mit Alsterblick. Und der Erinnerung an eine Zeit, als noch die Fahrt mit dem Alsterdampfer zum Alltag gehören konnte.
So lange ist das gar nicht her. So in den 50ern, 60ern. Jens-Werner Fritsch erinnert sich, ich entsinne mich, wohl jeder, der

damals in Hamburg aufwuchs: Bummel durch die City, Mönckebergstraße, Alsterhaus, vielleicht ein Eis im Alsterpavillon „und dann zurück mit dem Alsterdampfer ganz langsam von Station zu Station. Das war das Schönste."

Selige Erinnerung. Vorbei. Es gibt keine reguläre Dampferverbindung mehr. Und ein Gespräch mit dem Theatermann Wolfgang Spier fällt mir ein. Wir hatten im „Café Leinpfad" in Winterhude gesessen, wo früher die Endstation der Alsterdampfer war, und der Berliner hatte seine erstauntesten Augen gemacht: „Solch eine Attraktion hat man einfach aufgegeben? Das kann doch nicht wahr sein."

In Hamburg schon. Weil sich dort alles rechnen muß. Selbst die Alster.

Die Lombardsbrücke ist passiert. Der Fluß weitet sich zur Außenalster. Und die ist fast schon ein See. Mit einer guten und einer nicht so guten Seite. Links Harvestehude, das Feinste, nur noch mit Blankenese gleichzusetzen. Rechts aber? St. Georg? Uhlenhorst?

Das grenzt fast schon an Barmbek. Und Barmbek ist überhaupt nicht fein. Das ist das andere, das rauhe, das Arbeiter-Hamburg. Und dort wurde Jens-Werner Fritsch geboren.

Ein Arbeiterkind. Der Vater Berliner, die Mutter Flensburgerin. Jahrgang 1947. Hamburg ein Trümmerfeld. Und für Jungen seines Alters ein einziger riesiger Abenteuerspielplatz. Allerdings ohne Apfelbäume mit Sternenhimmel darüber wie der von Christian Seeler. In Barmbek geht es handfester zu.

Wie in dieser Welt dennoch die Sehnsucht nach Kunst und Theater geweckt wurde? „Ich weiß es selber nicht."

Aber der Barmbeker Arbeiterjunge fand sich im Deutschen Schauspielhaus wieder. Ganz oben, zweiter Rang, Stehplatz, der war noch billiger als Kino. Und auf der Bühne standen Gründgens als Mephisto, Quadflieg als Faust. Die Flickenschildt. Hermann Schomberg, Heinz Reincke. All jene, die damals dem Gründgens-Ensemble den bis heute leuchtenden Glanz gegeben hatten. Nach seinem Tod zerstreuten sie sich in alle Richtungen. Nur die Legende blieb zurück: „So schnell kann so was kommen".

Am Gründgens-Haus wie auch am Ohnsorg-Theater. Gerade

damals, als Fritsch nach Anfängerjahren in Wien und München an die Großen Bleichen gekommen war. Das war 1971. Hans Mahler war gerade gestorben. Sein Nachfolger Günther Siegmund suchte eigenes Profil, indem er die Fix-Sterne der Ära Mahler zu vertreiben suchte, Heidi Kabel und den sagenhaft beliebten Bundes-Opa Henry Vahl voran. Eine schlimme Zeit. Noch heute spricht niemand gern davon, auch Jens-Werner Fritsch nicht. Er war jung, noch sehr unerfahren gewesen. Er hatte sich herauszuhalten versucht. Und er hatte Heidi Kabel gehen und wiederkommen sehen: „Solche Stars sind eben unersetzlich. Einer ist es oder nicht."
Er selber ist es nicht. Das weiß er.
Ein verläßlicher Darsteller verläßlicher Typen, der Muskel-Jungs und Naturburschen. Der seine schönste Rolle in der niederdeutschen Version von John Steinbecks „Von Mäusen und Menschen" fand, aber ebenso gern olle, ehrliche Schwänke spielt. Und sie lieber noch inszeniert. Denn Regie ist seine Leidenschaft.
Fragt man ihn aber, was ihn nun schon zwanzig Jahre gerade

Kein Alsterwinkel, den die Dampferflotte nicht ansteuert.

ans Ohnsorg bindet, schiebt sich kleiner Trotz in seinen Unterton. Denn da mochte es zwar Träume gegeben haben, mal im Musical zu reüssieren, aber eben auch: „Wo hätte ich schon so viele schöne, unterschiedliche Rollen spielen können wie bei Ohnsorg?“

Das Außenalster-Ende ist erreicht. Oben an der Krugkoppelbrücke, einer von 221 in Europas brückenreichster Stadt. Ein Schwan dümpelt neben dem Schiff. Genau hundertdrei gibt es davon, die andere „weiße Flotte“, die bisher noch niemand hat abschaffen wollen, im Gegenteil: Die Alsterschwäne werden heiß geliebt und innig gepflegt, für Hamburg so typisch wie drüben am Harvestehuder Weg die allsonntägliche Hundepromenade in der wohl hundefreundlichsten Stadt der Welt.

Unser Schiff wendet. Das Wasser schäumt. Wir sehen auf das Stadtpanorama mit seinen fünf Türmen, den Fernsehturm als sechsten dazwischen. Das Grau hat sich gelichtet, spielt nun ins Silberne hinüber. Und wir vergessen die Kälte und die Nässe und den eisigen Wind.

Hamburg ist schön. Doch. Vielleicht nicht gleich Deutschlands schönste Stadt, wie Tucholsky meinte. Das war noch vor allen Bausünden der Nachkriegszeit. Aber man liebt sie. Mit dem gleichen kleinen Trotz im Unterton wie Fritsch das Ohnsorg-Theater.

Auch wenn es heute nach dem Bummel durch die Innenstadt nicht mehr im Alsterdampfer nach Hause gehen kann.

Mit Hartmut Cyriacks und Peter Nissen auf der Hamburger Hallig

„Unter diesem Himmel lernt man kein Theater“

Noch ein zweites Mal hatte es hinaus auf die Alster gehen sollen. Diesmal mit dem Dramaturgen Hartmut Cyriacks, der gerade seinen Segelschein gemacht hatte. Doch war das Wetter schon zu rauh, zu spät die Jahreszeit gewesen, und wir hatten uns für ein anderes Ziel entschieden. Für die Hamburger Hallig in Nordfriesland. Dort ist Peter Nissen zu Hause, Ohnsorg-Dramaturg auch er.

Eigentlich keine Entfernung. Keine zwei Auto-Stunden von Hamburg aus. Und doch meint man von der Eider an, in eine andere Welt zu wechseln.

Der Himmel immer höher, das Land immer flacher. Schimmelreiterland. Durch seine Welt meint man noch immer Storms Hauke Haien sprengen zu sehen, diese Sinnfigur für alle, die hier den großen Kampf mit dem blanken Hans aufgenommen haben. Aber diesen Hauke Haien hat es nie gegeben, und schon sein so friesisch klingender Vorname ist poetische Fiktion. Ebenso wie das stolze Wort, der Herrgott habe zwar die Erde, der Friese aber sein Land geschaffen.

„Der“ Friese schuf es ganz gewißlich nicht. Auch nicht „die“ Friesen schlechthin. Immer waren es einzelne, und oft genug kamen sie aus dem Ausland. Wie der Hugenotte Jean-Henri Desmercieres, der im 18. Jahrhundert die ersten modernen Seedeiche bauen ließ. Oder hundert Jahre vorher die Deichbauer aus Holland, die das abgeflachte Deichprofil einführten. Holländer ihrer Abstammung nach waren auch die Brüder Amsinck gewesen, Rudolph und Arnold, reiche Herren aus Hamburg, die sich auf der Insel Altnordstrand Land gekauft hatten. Glücksspieler wie viele in jener Zeit, die auf die Karte „Landgewinnung“ gesetzt hatten und vor jedem Winter mit allen anderen Küstenbewohnern beteten, daß sich nie wieder eine Flut wie die von 1362 wiederholen möge, die fürchterlichste in der nordfriesischen Geschichte, als Rungholt unterging und die Inseln Sylt, Föhr und Amrum auseinandergerissen wurden.

Sie wiederholte sich. Recht genau ein Jahrzehnt, nachdem die Amsinck-Brüder auf Altnordstrand ansässig geworden waren. Dies war die „Große Manndränke“, die menschenverschlingende Sturmflut von 1634, der allein auf Altnordstrand zwei Drittel der Bevölkerung zum Opfer gefallen waren. Von der Insel selbst blieb nur ein kläglicher Rest, das heutige Nordstrand und Nordstrandisch Moor. Und das Haus der Amsincks einsam auf seiner Warft.

Das war die künftige Hamburger Hallig.

Ihre Eigentümer wechselten. Ihr Bild änderte sich. Und schließlich war sie gar keine Hallig mehr. Jetzt verband sie schon ein Damm mit dem Festland. Dann wurde Schlick angespült. Ein grünbewachsenes Areal von 216 Hektar bildete sich heran. Seit 1930 ist es Naturschutzgebiet, das älteste in Schleswig-Holstein, Heimat für Küsten- und Meeresvögel, von Alpenstrandläufern und Austernfischern bis zur Uferschnepfe und Weißwangengans. Sie sind die Herren in diesem Reich. Und die Schafe, Nordfrieslands eigentliches Wappentier.

Auch jetzt weiden sie im Vorland, da wir über den Plattenweg der Warft entgegenholpern. Unter dem Wagen rumpelt es. Wir haben einen der „cattle grills“ passiert, die in den Boden eingelassenen Eisengitter, über die kein Schaf die Hufe setzt.

„Den Fremden erzählt man gern, sie seien dazu da, von den Autoreifen die wertvolle Klei abzuschütteln, den fruchtbaren Mutterboden“, lacht Peter Nissen. Und erinnert sich an die früher hier aufgestellten Gatter, an denen sich die Kinder der Umgebung postiert hatten. Kam ein Tourist herangefahren, wurde das Gatter eilfertig aufgerissen, und dafür gab es dann einen Groschen oder einen blanken Fünfziger, „mein erstes selbstverdientes Geld“.

In dieser Landschaft wurde er geboren, besuchte das Gymna-

sium in Niebüll, studierte in Kiel. Sein Ziel: Lehrer, „neben Pfarrer und Arzt der einzige akademische Beruf, der hier zählt“. Vielleicht noch der Anwalt, doch ganz gewiß kein Dramaturg: „Theater lernt man unter diesem Himmel nicht.“
In Kiel lernte Nissen Konrad Hansen kennen. Der war schon nicht mehr Ohnsorg-Theater-Intendant, empfahl aber den jungen Mann seinem Nachfolger. Walter Ruppel holte ihn an die Großen Bleichen, wo schon als Dramaturg der aus Achim bei Bremen stammende Hartmut Cyriacks arbeitete.
Auch er hatte eigentlich Lehrer werden wollen und gerade erkannt, hierfür wohl doch nicht geschaffen zu sein, als sich ihm die Chance eines Aushilfsjobs in der Ohnsorg-Dramaturgie bot. Cyriacks schnupperte hinein in die bunte, krause Theaterwelt, war als Assistent dabei, stand in Mini-Rollen auf der Bühne. Wenig später war der ebenso verdienstvolle wie am Haus heftig umstrittene Dramaturg der Ära Hansen, Ulf-Thomas Lesle, gegangen: „Ich sehe die Bemühungen um ein zeitgemäßes Ohnsorg-Repertoire als gescheitert an.“
Cyriacks blieb. Wach, offen, mehr die Frohnatur im Kontrast zum verschlosseneren, abwägenderen Peter Nissen. Also keine so schlechte Ergänzung. Beide ein Team, das Stücke sucht,

Die Welt der Halligen: einsam, versponnen, melancholisch.

übersetzt, Texte einrichtet. Und alljährlich von neuem vor der Frage steht, mit welchen Stücken ein Theater gefüllt werden kann, das zugleich seiner Verpflichtung zur Pflege niederdeutscher Sprache und Kultur nachkommen muß.
Eine Frage, die uns selbst noch in der Stille der Hamburger Hallig beschäftigt, wo der weiche Nebel eines späten Oktobertags um die Warft liegt. Ein Pfahl ragt auf. Dort ist die Höhe der großen Sturmfluten eingeritzt. Jetzt ist gerade Ebbe, wir stehen am Watt des Westufers, sehen zur Nachbarhallig Halber herüber, die noch wirklich eine Hallig ist, mit einem einzigen Haus darauf und einem Schild an dessen Tür: „Betteln und Hausieren verboten."
Absurd. Wie diese ganze Hallig-Welt. Wie manches an ihren Menschen, die ihrer Enge und Einsamkeit standzuhalten haben. Da stauen sich Aggressionen, verschieben sich Werte, und darüber wurde einmal auch ein Stück geschrieben, ein sehr berühmtes sogar. Gerade stand es in einer Fassung von Hartmut Cyriacks und Peter Nissen auf dem Ohnsorg-Spielplan: „De rode Ünnerrock" von Hermann Boßdorf.
Fast ein Klassiker im niederdeutschen Genre. Wie die anderen Boßdorf-Stücke. Wie die von Fritz Stavenhagen oder Gorch Fock, wie Paul Schureks unbegrenzt strapazierfähige „Stratenmusik" oder die ebenso unverwüstlichen Komödien des Oldenburgers August Hinrichs. Das immerhin sind zeitlos leuchtende Schätze. Aber „ein klassisches Repertoire haben wir im niederdeutschen Theater nicht", hält Hartmut Cyriacks fest. Nicht wie das hochdeutsche Theater, das damit eine ganze Spielzeit bestücken kann. Neue Stücke müssen her, soll der Ohnsorg-Spielplan nicht auf ständige Wiederholung verschlissener Zugnummern von einst reduziert bleiben. „Nichts gegen ‚Tratsch im Treppenhaus' oder ‚Meister Anecker'", beteuern Peter Nissen und Hartmut Cyriacks, „aber bei vielen Stücken sind wir eigentlich ganz zufrieden, daß sie inzwischen auf Kassette zu kaufen sind und wir sie deshalb nicht unbedingt mehr auf der Bühne zeigen müssen." Und wir entschließen uns zu einem zweiten Teepunsch.
Die Hamburger Hallig liegt wieder hinter uns. Eine friesische Dorfkneipe gleich hinter dem Deich hat uns in ihre helle Be-

haglichkeit aufgenommen. Blaue Kacheln an den Wänden, mehr Wohnstube als Schankraum, die Wirtin bringt den Punsch und Brote mit Lammschinken darauf, sehr zart, rosa, eine nordfriesische Köstlichkeit wie Hummersuppe mit Sahne und Kognak oder der im letzten Jahrhundert auf Nordstrand entstandene „Pharisäer“, sehr starker Kaffee mit steifer Sahnehaube darauf und sehr viel Schnaps darin. Der Teeduft zieht durch den Raum. Das altgediente Plüschsofa knarrt behaglich. Eine heile Welt, wenigstens eine Tasse Punsch lang. So wie sie ältere Ohnsorg-Besucher (und nicht nur sie) auf der Bühne „ihres“ Theaters wiederfinden wollen, und warum auch nicht? Nur eben nicht mehr blank vom Blatt. Und nicht ausschließlich.

Unter Konrad Hansen setzte die gezielte Erweiterung des Repertoires ein. Sie hält an. Stücke von Gerhart Hauptmann gehören fast schon wie selbstverständlich in den Spielplan. Und schon wurde erwogen, ob nicht auch mancher Frisch und Dürrenmatt dem Haus an den Großen Bleichen so übel nicht anstehen würde, „Der Besuch der alten Dame“ oder „Biedermann und die Brandstifter“, Evergreens in jedem Stadttheater-Spielplan.

Hamburger Hallig: im Reich der Schafe und Seevögel.

Befindet sich am Ende das Ohnsorg-Theater eben dorthin? Zu einem Spielplan wie jedem anderen, wo man sich schließlich fragt, warum eigentlich die Herrschaften dort auf der Bühne Plattdeutsch sprechen?
Das bleibt die Grenze, vorerst noch. Daß Plattdeutsch dramaturgisch motiviert ist. Was auch heißt, daß ein Stück glaubwürdig im norddeutschen Raum angesiedelt werden muß. Weshalb zum Beispiel, nicht allein zu Peter Nissens Bedauern, irische Stücke mit ihrer so kräftigen katholischen Prägung nicht in Frage kommen.
Ob andere Träume unerfüllt blieben? Ob es Enttäuschungen gab und Erwartungen sich nicht erfüllten?
Sie denken nach. Hartmut Cyriacks schüttelt den Kopf. „Schwarzer Humor", wirft Peter Nissen ein. Der ziehe am Ohnsorg-Theater einfach nicht. Jener Humor, wie ihn die Angelsachsen haben. Oder, auf ganz andere Art, die Nordfriesen: „Bauer, raucht dein Pferd? – Nee. – Dann brennt der Stall." Vielleicht, weil zu diesem Humor Menschen gehören, die Widersprüche des Daseins als selbstverständlich hinzunehmen gelernt haben und darüber lachen können.
Wie eben die Nordfriesen, die sich einst auf den Halligen bei heraufziehender Sturmflut in den unter dem Bett schon bereitstehenden Sarg legten, falls sie der Tod im Schlaf überraschen sollte.
Ein schwer zu beschreibender Menschenschlag. Melancholisch verschlossen, voll geduldiger Schicksalsergebenheit heute wie einst, zutiefst durchdrungen von einem elementaren Mißtrauen gegenüber Gott und jeder Obrigkeit: „Der Himmel ist hoch, der Fürst ist weit..."
Ungern in der Fremde. Ungern zu Hause. Immer dort am liebsten, wo man gerade nicht ist. So wie ihr größter Dichter die schönsten Gedichte über seine Heimat nicht in seiner Geburtsstadt Husum, sondern fern davon in Potsdam schrieb: „Ans Haf, nun fliegt die Möwe, Dämm'rung bricht herein."
Theodor Storm. In Husum geboren. Dort, wo bei Ohnsorg-Gastspielen regelmäßig Begrüßungsapplaus aufrauscht, wenn ein bestimmter Ohnsorg-Schauspieler die Bühne betritt.
Der gebürtige Husumer Rolf Bohnsack.

Mit Rolf Bohnsack in Husum
„Wir waren ein bißchen die Husumer Gang“

Es muß Februar gewesen sein, Glatteis überall, der Hafen zugefroren, ich war fünf oder sechs“, erinnert sich Rolf Bohnsack, „die Hohle Gasse kam ein Auto herunter, geriet ins Schleudern, raste auf den Kai zu, dort war damals noch kein Gitter. Der Wagen knallte aufs Eis, brach durch, die Eisschollen schoben sich sofort wieder zusammen...“

Er stockt, sieht in den grauen Schlick hinunter, wo eine tote Möwe liegt.

„Später hat ein Kran den Wagen herausgezogen mit vier Leichen drin, und ich sah zu, soll kreidebleich gewesen sein, als ich nach Hause kam.“ Er versucht sein Jungenlachen. Es wird mehr ein Grinsen.

Alpträume der Kinderzeit. Sie haften ein Leben lang, drängen immer wieder heraus. Wie jetzt am Hafen von Husum.

Storms graue Stadt am Meer. Aber so grau nun wieder nicht. Heute zum Beispiel. Da liegt heller Sonnenschein auf den fröhlich bunten Giebelfassaden, kein Nebel drückt die Dächer schwer, und dies sind nicht die Gassen voll verschwärzter Häuser mit einer einzelnen Laterne am Hafen als einziger Beleuchtung in der ganzen Stadt.

So hat Storm sein Husum beschrieben. Als schmuckloses Städtchen in baumloser Umgebung, damals in der Mitte des letzten Jahrhunderts, als für diese Stadt nur noch die Vergangenheit zu zählen schien, die Glanzzeit im 17. Jahrhundert, als noch der Handel mit Holland blühte, der Hafen noch nicht verlandet war und es hier sehr reiche Familien gab. Solche wie die Woldsens, aus der Storms Mutter stammte.

Eine Woldsen, Katharina, steht als Bronze-„Tine“ auf dem Markt vor der Marienkirche. Dort ist Rolf Bohnsack getauft, gefirmt, getraut worden. Und dann war da noch was. Eine Meldung in der Husumer Zeitung: Freche Bubenhände hätten der Tine über Nacht eine Zementtüte als Mütze aufgesetzt. Mutter Bohnsack war empört gewesen: Wer um alles in Husum stellt nur solchen Unfug an?
Ihr eigener Sohn zum Beispiel. Und dessen Freunde. Die lauerten nachts Liebespärchen im Park auf und störten sie im hitzigsten Treiben mit ihren gnadenlos aufstrahlenden Stab-

Husum: nicht so grau wie in der „Grauen Stadt am Meer“.

lampen. Oder sie verkauften dem schon leicht vertrottelten Pelzhändler am Hafen denselben Kaninchenbalg dreimal hintereinander: „Wir waren ein bißchen die Husumer Gang.“ Aber: „Alte Frauen wegen fünfzig Pfennig niederschlagen wie heute, war bei uns nicht drin.“

„Die Luft des Hauses war gesund“, heißt es bei Storm über seine Kindheit. Für ihn war sie das lebenslängliche Paradies gewesen und das Husum von damals ein Zauberort, wo die Jungens durch die Gassen tobten, vom Dachfirst aus zum nahen blanken Hans hinüberspähten oder sich daheim im Elternhaus Gespenstergeschichten erzählten.

Von diesem Husum sollte Storm ein Dichterleben lang zehren. Ein anderes Husum als das, was er dann bei seiner Rückkehr vom Studium als junger Rechtsanwalt und angehender Poet erlebte. Grau. Eng. Ohne Sinn für Dichtung und Dichter. Wo der eigene Vater nie eine Zeile von ihm gelesen hatte und die Husumer kaum wußten, daß ihr Mitbürger Storm, der angesehene Anwalt, zugleich die literarische Berühmtheit war. Denn „die Menschen... dort brauchen die Poesie nicht“.

Allenfalls die Musik. Weshalb es hier gleich ein halbes Dutzend Gesangvereine gab, und in einem war Storm Mitglied gewesen. Im gleichen Verein, in dem rund hundert Jahre später der junge Bohnsack mitsang und in noch vier weiteren dazu. So gefragt war seine helle, natürliche Tenorstimme. Und vom Gesangverein war es nur ein kleiner Schritt zur Husumer Niederdeutschen Bühne gewesen. Die hatte den Kontakt zu Hans Mahler in Hamburg gebracht.

Der Ohnsorg-Chef, „in seinem Allerheiligsten, hinter der dikken Ledertür“, hatte aufgehorcht: Welch schönes, reines Platt der Junge sprach! Wie man es eben in Husum lernt, wo der Vater den Sohn anfuhr, wenn der Junge Hochdeutsch sprach: „Hast schlechtes Gewissen? Hast was ausgefressen?“ Und wo er nun für den Wunsch des Sohnes, Ohnsorg-Schauspieler zu machen, die sehr Husumer Antwort parat hielt: „Lern erst mal einen anständigen Beruf!“

Maschinenbauer zum Beispiel. Und später noch sieben weitere. Und noch 1976, längst gestandenes Ensemble-Mitglied an den Großen Bleichen, einen neunten. Schauspieler Bohnsack war nun auch noch technischer Theatermeister. Denn „wenn mir mal was zustößt und ich nicht mehr Schauspieler sein kann, gibt es für mich immer noch was hinter den Kulissen zu tun".

Theater ist nun einmal sein Lebenssinn. Schon damals in den frühen 60ern, als der Ohnsorg-Eleve für fünfzehn Mark Abendgage auf der Bühne stand und sich tagsüber auf der Deutschen Werft sein Brot verdiente. Bis seine Hände so zitterten, daß Hans Mahler väterlich befand: „Du wirst jetzt fest engagiert, damit du nicht kaputtgehst..."

In rund hundertsechzig Stücken ist Bohnsack aufgetreten. Am liebsten sind ihm aber bis heute die Weihnachtsmärchen: „Das ist doch noch echtestes Theater, wenn unten all die kleinen Buttjes sitzen mit roten Backen und strahlenden Augen und von uns verzaubert werden wollen."

„Buttje" heißt er selbst bei den Kollegen. Auch heute noch als Mann Mitte fünfzig, Familienvater und stolzer Besitzer einer kleinen „Ranch" bei Hamburg, seiner „Ponderosa", wo er sein eigenes Vieh und seine Karpfen züchtet. Und tief innen mag er ein lebenslanger „Buttje" sein, der große Junge, der mit seinem strahlenden Lebensenthusiasmus selbst eine fast tödliche Erkrankung in den 80er Jahren überstand.

Allerdings, vermute ich, würde er wohl heute so rasch keiner Tine mehr einen Zementsack überstülpen. Oder Liebespaare mit der Stablampe aufscheuchen.

Das war damals im Park beim Schloß gewesen, das noch heute „Schloß vor Husum" heißt, obwohl es längst mitten in der Stadt liegt. Ein Renaissance-Bau aus dem frühen 17. Jahrhundert, nicht sehr schön und nicht sehr imponierend, aber im Frühjahr von einem kaum übersehbaren Teppich blaublühender Krokusse umgeben, wie er in dieser Fülle und Schönheit einzig in Europa ist.

Das Schloß war einmal Witwensitz des Hauses Gottorp. In der Storm-Zeit hatte dort der preußische Landrat Graf Reventlow residiert, und Storm, der sonst weder Preußen noch Grafen mochte, hatte bei Reventlow eine Ausnahme gemacht, war abends zu diesem „brunnentiefen" Mann gewandert und hatte darüber, worüber eigentlich nicht?, ein Gedicht gemacht:

„Zwischen Wasserreih' und Schloß/ist die Finsternis so groß..."
Wasserreihe 31. Ein Haus aus der Rokoko-Zeit. Mattgrün die Fassade, ein Garten dabei zum Entzücken des Blumenfreundes Storm, der hier von 1866 bis 1880 gewohnt hatte. Heute ist es Sitz der Storm-Gesellschaft, und die Besucher, jedes Jahr dreißigtausend und mehr, können hier durchs rotausgeschlagene Poetenstübchen gehen oder vor dem Schreibtisch mit den vom Tischlergesellen Emil Nolde geschnitzten zwei Eulen stehen, wo der Dichter den „Schimmelreiter" schrieb, sein letztes, größtes Werk und die meistgelesene deutsche Novelle überhaupt.
Das Storm-Haus also. Doch welches Haus in Husum ist eigentlich kein Storm-Haus?

Alt-Husum wie zur Storm-Zeit, Klönschnack inbegriffen.

Das Geburtshaus am Markt. Das Elternhaus in der Hohlen Gasse. Das in der Neustadt, in dessen Geißblattlaube Storm „Immensee“ schrieb und das Gedicht von der grauen Stadt am Meer. Und so geht es weiter, von Straße zu Straße, fast von Haus zu Haus. Bis man sich durch Husum wie durch ein einziges riesiges Storm-Museum bewegt, wo fast jeder Winkel irgendwo ins Storm-Werk eingegangen zu sein scheint. Denn selten dürfte ein Dichter so ausgiebig nach einer Stadt gegriffen haben. Und diese Stadt nach ihrem Dichter. Nach seinem Tod erst allerdings. Als sich bis Husum herumgesprochen hatte, daß Theodor Storm ein großer Dichter war.

Theo Wind. So nennt ihn respektlos die Husumer Jugend. Hier im Schloßpark steht seine Büste. Und wie in leiser Ironie scheint sie über uns hinwegzulächeln, als sich jetzt Rolf Bohnsack davorstellt, sein Buttje-Feixen im Gesicht: „Husum hat zwei große Söhne. Storm und mich.“ Und beide hatten Väter, denen es wohl lieber gewesen wäre, diese Söhne hätten nicht gerade in der Kunst ihren Beruf gefunden.

Aber dann war Rolf Bohnsack zum erstenmal im Fernsehen gewesen. Da hatte er von der Gage für den Vater daheim einen riesengroßen und sehr teuren Teppich gekauft. Über den hatte der brave Handwerker immer gehen und daran denken müssen, „daß sein Junge nun doch noch Schauspieler geworden war“.

Das hätte Storm wohl nicht gemacht. Aber vielleicht darüber ein Gedicht geschrieben.

Mit Herma Koehn in Lübeck
„Wo man schon früh an Arme, Schwache dachte“

Als 1833 der achtzehnjährige Theodor Storm für zwei Jahre vom heimatlichen Husum ans Lübecker Katharineum wechselte, öffneten sich ihm „Tore einer neuen Welt“. Goethe war dort zu Hause, Uhland, Heine. Leider aber auch, nicht nur ideell, sondern sehr leibhaftig, der nur zwei Jahre ältere Emanuel Geibel.

Er war schon, was Storm erst werden wollte: ein aufstrebender, bereits anerkannter Dichter. Und wurde, was Storm zu Lebzeiten nie werden sollte: der überaus volkstümliche Erfolgspoet für alle Zwecke. Riesenauflagen. Ehrungen. 1884 bei seinem Tod der Nachruf, hier sei der letzte große Dichter gestorben. Und schon zu Lebzeiten das Denkmal, in Lübeck auf dem nach ihm benannten Platz.

Gibt es so was wie eine ausgleichende Gerechtigkeit? Manchmal vielleicht doch. Denn wer kennt nicht Storm? Doch wer kennt noch Geibel?

Seiner Denkmalsfigur hat jemand eine leere Bierdose in die Hand geklemmt. Rote Farbe ist gegen den Sockel gespritzt. Unrat in den Ecken, kein Respekt vor dem verblichenen Poeten. Und was hat er eigentlich geschrieben?

„Der Mai ist gekommen“, nun schön. Das „Am deutschen Wesen soll die Welt genesen“. Und Herma Koehn sagt ein weiteres Gedicht auf, als wir über die Lübecker Puppenbrücke mit ihren acht Statuen fahren, von denen die eine in göttlicher Blöße den Schutzherrn aller Handelsleute zeigt: „Zu Lübeck auf den Brücken/Da steht der Gott Merkur/Er zeigt in allen Stükken/Olympische Figur/Er wußte nichts von Hemden/In seiner

Götterruh/Drum kehrt er allen Fremden/Den nackten Podex zu..."
Auch wir sind nicht Geibels wegen in die Stadt an der Trave gekommen.
„Ein Spaziergang durch die Straßen ist im Grunde genommen nichts anderes als eine mit gymnastischen Bewegungen verbundenes Studium der Geschichte oder ein mit Regenschirm und Gummischuhen verknüpftes Blättern in einem alten Bilderbuch."
So über Lübeck anno 1865 Adalbert Graf Baudissin.
Nicht alle Bilder in diesem Buch haben die Zeitläufte verschont. Doch blieb genug übrig. Das Haus der Schiffahrtsgesellschaft zum Beispiel, wo schon Geibel tafelte, oder der andere traditionelle Freßtempel, das Schabbelhaus. Das Rathaus natürlich mit seiner Treppe von 1594 und dem Renaissance-Vorbau. Und gleich neben dem Geibel-Platz das Heilig-Geist-Hospital.
Das ist nun fast so sehr ein Lübecker Wahrzeichen wie das trutzige Holstentor, in dessen Museum man vor Hansekoggen und Folterinstrumenten steht. Im Heilig-Geist-Hospital öffnet sich hingegen eine dreischiffige Kirchenhalle, und dahinter befindet sich das Lange Haus mit seinen vier Reihen Wohnkojen für bedürftige Menschen im Abend des Lebens, eine der ältesten sozialen Einrichtungen der Welt. Erst Krankenhaus, dann Altersheim. Um 1230 von Lübecker Kaufleuten gestiftet. Ein halbes Jahrhunder später hierher in den Neubau am Koberg verlegt. Also in den Jahrzehnten von Lübecks Aufstieg.
„Liubeke" hatten die Wenden die Siedlung genannt. Einen schönen Ort. Das blieb er. Als ihm 1159 Herzog Heinrich der Löwe das Stadtrecht und 1226 Kaiser Friedrich II. den Status einer freien Reichsstadt zusprach. Da war Lübeck schon einer der wichtigsten Ostsee-Häfen gewesen, wenn nicht der wichtigste überhaupt. Doch seinen vollen Glanz entfaltete es erst im 14. Jahrhundert, als die Stadt im ersten großen Bürgerbund europäischer Geschichte, der Hanse, die Führung übernahm.
Diese Alternative zur mittelalterlich feudalen Adelsgesellschaft schuf ihren eigenen Menschentyp. Frei, weltoffen, nüchtern. Und sozial aus kühlem Kalkül. „Concordia domi fori pax"

steht über dem Holstentor: Eintracht daheim, Frieden draußen. Aber keine Eintracht ohne soziale Harmonie. Das hatte Lübeck früh begriffen.
Aus diesem Geist entstand das Heilig-Geist-Hospital. Und all die anderen Stiftungen in der Stadt. Das war keine von oben verordnete Karitas. Dahinter stand die Initiative einzelner. Etwa die des Kaufherrn und Senators Johannes Füchting, der 1639 den Füchtingshof schuf, die Stiftung für Witwen von Schiffern und Kaufleuten.
Nach dem Hospital will uns Herma Koehn auch diesen Hof zeigen. Denn das mag die Hamburgerin an der östlichen Nachbarstadt: „Daß man hier schon früh an die anderen in der Gesellschaft dachte, an die Armen und Schwachen." An alle, mit denen sich die schmale Frau mit den schräggestellten dunklen Augen verbunden fühlt: „Ich weiß, was eine Herkunft aus sozial schwacher Schicht bedeutet."
Der Vater stirbt, als sie sieben ist. Die Mutter muß sie und zwei Schwestern allein durchbringen. Also kein Gedanke an die hö-

Lübecks Holstentor: „Eintracht daheim, Frieden draußen".

here Schule, schon gar nicht an die Schauspielschule. Obwohl sie ein Stipendium haben konnte. Statt dessen: „Mach eine Banklehre, Kind! Dann hast du was, wenn du ledig bleibst!“ Herma Koehn: „Das war genau der Geist der 50er.“
Durch das Barockportal in der Glockengießerstraße sind wir in den Füchtingshof getreten. Grüngestrichene Fensterläden, schlohweiße Gardinen, Steinplatten wie gescheuert. Gute-Stuben-Atmosphäre. Lindenbäume mildern die blankgeputzte Strenge. Aus einem Fenster droht eine alte Dame: „Wenn Sie hier fotografieren wollen, kostet das aber was.“
Wir fotografieren dennoch. Es kostet nichts. Dann setzen wir uns auf eine der blitzweißen Bänke. Neunzehn genau gleiche Wohneinheiten gehören zu dieser Stiftung, eine Altenkommune sozusagen. Und eine Insel im Großstadtlärm dort draußen, wo sich in besinnlichen Augenblicken ein wenig im Lebensbuch blättern läßt.
Die alte Dame ist verschwunden. Eine andere kommt vorbei, nickt freundlich. Herma Koehn hat zurückgenickt, wohlerzogen: „Ich bin wohl immer das brave Mädchen gewesen.“
Die brave Tochter, die neben der Schule noch den Haushalt machte. Die brave Sparkassenangestellte, die nebenher vom eigenen Geld Schauspielunterricht nahm. Dann eine erste Chance im Hamburger Operettenhaus als Partnerin von Freddy Quinn im Musical „Heimweh nach St. Pauli“. Ein paar Träume dazwischen, auch sie eher brav: einmal so sein wie drüben im Deutschen Schauspielhaus Antje Weisgerber. Ein solches Gretchen, eine solche Lucile.
Hans Mahler sieht sie in einer Gastrolle im St. Pauli-Theater und holt sie an die Großen Bleichen: „Das soll ich ruhig machen, meinte meine Schauspiellehrerin. So zwei Jahre lang vielleicht. Nun sind es vierundzwanzig geworden.“
Und wieviel Rollen? Sie weiß es nicht genau. Denkt aber an manche gern zurück. Auch wenn sie generell Schwierigkeiten mit dem Frauenbild im niederdeutschen Theater hat: „Zeigt sich dort eine Frau selbständig und pocht auf ihre Rechte, wird sie als Intrigantin verteufelt oder lächerlich gemacht.“
Minna von Barnhelm wäre ihre Lieblingsrolle gewesen: „Bei dem Gedanken schämt man sich schon ein wenig, nie über das

Im Füchtingshof, der Stiftung für Witwen und Waisen.

plattdeutsche Theater hinausgekommen zu sein." Und Lessing mag sie mehr als Thomas Mann. Weshalb wir uns den Weg zum Buddenbrook-Haus in der Mengstraße schenken.
Eine wie die Toni Buddenbrook sein, das Prinzeßchen, das durch Lübecks Straßen trippelt und doch nur die Aufziehpuppe an den Drähten ihrer Sippe ist: „Das ist genau das, was man von Frauen erwartet. Und nicht nur auf dem Theater."
Dort hat es ihr nicht genügt, nur Schauspielerin zu sein. Weshalb sie sich in den 80er Jahren in den Betriebsrat wählen ließ. Und sich 1985/86 um den frei werdenden Intendantensessel bewarb: „Das hätte ich mir zugetraut."
Ein Theater wie das Ohnsorg zu leiten. Diesen „kleinen, liebenswerten Spezialitätenladen" zu erhalten, von dem die Leute etwas ganz Bestimmtes wollen und nicht das, „was sie in jedem Supermarkt an der Ecke bekommen. Doch in den 80er Jahren war es ja eingerissen, alles Althergebrachte am Ohnsorg-Theater als alten Zopf abzutun." Hier hätte sie entgegenzuwirken versucht.
Wir fahren wieder aus Lübeck heraus. Hinter uns die sieben Türme der Stadt, darum der graugoldene Glanz eines milden Herbstabends, und Herma Koehn dreht sich noch einmal nach der Stadtsilhouette um: „Aber vielleicht hätte auch ich nur etwas zurückzuholen versucht, was längst schon verlorengegangen ist."

Mit Konrad Hansen in Haithabu
„Als ob wir weniger grausam als die Wikinger wären"

Der Mann, dem Herma Koehn 1986 fast auf dem Intendantensessel gefolgt wäre, heißt Konrad Hansen. Jahrgang '33, Volkswirtschaftler, Schriftsteller, bei Schleswig geboren.
Bei Schleswig sind wir jetzt verabredet, südlich der Schlei in Haithabu. Er wartete schon auf dem Parkplatz, umweht von Pfeifenduft wie damals, als wir uns ein erstes Mal in den Großen Bleichen gegenübergesessen hatten. Das ist wohl schon zehn Jahre her und die Ära Hansen ihm selbst „fast so fern wie die Wikinger-Zeit".
Wie jene Jahrhunderte also, in denen sein Roman „Die Männer vom Meer" spielt. Eine Nordland-Saga. Voll machthungriger Könige, listiger Höflinge, randvoll mit Blut und Kampf und Mord. Und Haithabu gehört zu ihren Schauplätzen. Der Handelsplatz zwischen Nord- und Ostsee. Der größte damals in ganz Nordeuropa. Wo sich Christen wie Heiden, Händler wie Krieger, Räuber wie Ehrenmänner begegneten. Wo um die Schätze des Südens ebenso gefeilscht wurde wie um den Reichtum des Nordens. Um Pelze, Bernstein, Eisenerz, um flandrisches Tuch und arabische Spezereien.
Und um Sklaven. Um sie vor allem. Sie waren das wertvollste Gut: „Einige Männer gingen zwischen den Sklaven umher, befühlten hier einen Arm, dort eine Brust, verlangtem von diesem, die Zähne zu sehen, von jenem, daß er sich nackt ausziehe", beschreibt Hansen diese schweißriechenden, von Gewalt und Unterdrückung bestimmten Menschenmärkte. Auch Haithabu hatte dazugehört.
Wir gehen durch dichte Mückenschwärme zum Museum hin-

auf. Naturschutzgebiet ringsum, Krähengekrächze zwischen den Bäumen, wildwuchernde Orchideen auf den Grünflächen, wo Highland cattle weidet, Hornvieh aus dem schottischen Hochland und so genügsam wie das Vieh zur Wikingerzeit. Schließlich die sieben Pavillons der Museumsanlage, hoch, hell, luftig. In der Form den Häusern nachempfunden, wo winters die Schiffe der Wikinger untergebracht waren. Sie waren ihr wichtigster Besitz. Und ihre gefährlichste Waffe.
Wir stehen vor einem Modell in der Schiffshalle. Kein wuchtig breites Handelsschiff, kein „Knorr". Dies ist ein Kriegsschiff, ganz schmal, flach, kaum Laderaum.
Auch beim schlimmsten Sturm, der eisigsten Kälte hockte die Mannschaft auf dem offenen Deck, und so durchpflügten die Nord-Mannen den Atlantik, brachen ins Mittelmeer durch bis nach Sizilien und Byzanz, stießen im Westen bis Island vor und darüber hinaus bis Grönland und Amerika. Eine Seemacht. Eine Großmacht. Und doch sollten die Wikinger kein Weltreich schaffen wie tausend Jahre vor ihnen die Römer.
Vom 9. bis 11. Jahrhundert braust ihre Geschichte wie ein rasch wieder verfliegender Spuk vorüber. Rund zweihundert Jahre lang, in denen an allen Küsten Europas das Stoßgebet zum Himmel stieg: „Gott, schütze uns vor dem Rasen der Wikinger!" Dann schien es plötzlich vorbei. Und was ist davon geblieben?
Romantisierende Erinnerung. Das Bild vom Wikinger mit den Stierhörnern am Helm. Raubend, mordend, schändend, wie es sich gehört. Nicht falsch, doch einseitig.
Hansen beugt sich über die Vitrine mit den Kämmen aus Hirschgeweih, wie sie in seinem Roman der Held Björn Hasenscharte mit hoher Kunstfertigkeit herstellt, das wichtigste Toilettengerät der Wikinger, die sich mit Glasperlen schmückten und Schminke auftrugen, Männer wie Frauen.
Nicht uneitel also. Und so grausam wie ihr Ruf?
Hansen hebt die Schultern: „Vor allem waren sie schlau. Sie verwüsteten nicht den ganzen Landstrich, sondern hielten sich an die Klöster, wo die Schätze der Region gesammelt waren. Die Mönche waren aber diejenigen, die schreiben konnten."
Sie schrieben auf, was sie von den Wikingern wußten. Das

Schrecklichste natürlich nur. Denn für sie waren diese Spukgestalten, die auf ihren Schiffen pfeilschnell übers Meer geschossen kamen, urplötzlich aus der Dunkelheit auftauchten und gleich wieder beutebeladen verschwunden waren, die Teufel in leibhaftiger Person.
Doch muß man nachlesen, was etwa zur gleichen Zeit im hochchristlich kultivierten Byzanz geschah: „Das stellt bei weitem alles in den Schatten, was an Grausamkeit von den Wikingern überliefert ist." Es bleibt ein Kopfschütteln: „Bis auf den heutigen Tag haben wir keinen Grund, uns für weniger grausam als die Wikinger zu halten."
Hansen blinzelt in die Sonne, stopft seine Pfeife. Wir sind ins Freie hinausgetreten, hinter das Museum, und der Haddebyer Noor liegt vor uns, der See, über dessen Eis die Feinde in Winterzeiten herangestürmt kamen.
Manchmal die Norweger. Meistens die slawischen Wenden. Und um 1066 scheint es mit Haithabu aus gewesen zu sein. Ein

„Die Welt der Wikinger weckt in uns den kleinen Jungen."

letzter Wenden-Überfall, Einnahme und Plünderung, dann verliert sich der Name Haithabu in der schriftlichen Überlieferung. Das Ende einer Stadt, die um 800 als kleine Siedlung am Noor begonnen hatte, Königs- wie Bischofssitz wurde und schließlich der Ausgangspunkt für die nordische Christianisierung, mit wohl tausend Einwohnern in ihrer Blütezeit. Das alles versunken, vergessen die Jahrhunderte hindurch. Bis um 1900 der dänische Archäologe Sophus Müller mit der Erforschung begann.
Haithabu wurde über achtzig Jahre hin eine der großen archäologischen Forschungsstätten Europas.
Der natürliche Hafen wurde ausgemacht, der Festungswall. Wracks wurden geborgen, Gräber freigelegt. Das Bootskammergrab vor allem, letzte Ruhestätte eines offenbar sehr reichen, sehr vornehmen Wikingerfürsten, der sich dort mit zwei Gefolgsleuten unter seinem Schiff hatte begraben lassen. In 35 Grabungskampagnen wurde die Welt von Haithabu freigelegt. Die heutige Kustodin gesellt sich uns bei: „Wer einmal eine Nacht auf einem Wikingerschiff verbringen müßte, würde von da an die Bequemlichkeiten unseres Jahrhunderts zu schätzen wissen." Sicherlich. Und doch: Diese ferne, fremde Welt hat immer wieder ihre neue Faszination. Weil es, so Hansen, mit den Wikingern wie mit den Indianern Nordamerikas sei: „Sie wecken in jedem Mann den kleinen Jungen. Und setzen Phantasien frei."
Wie in ihm selber, als er in den frühen 80ern bei einer Radtour vor dem Runenstein von Busdorf gestanden und seine Inschrift entziffert hatte, mit der König Sven Gabelbart seinem Gefolgsmann Skarthi für alle Treue dankt. Darüber hatte Hansen zu sinnen angefangen: Was treibt nur einen König zu dieser ungewöhnlichen Ehrung eines Vasallen? Wer war dieser Skarthi überhaupt?
Das sollte Anstoß seiner Nordland-Saga sein.
Zehn Jahre hat es gedauert, bis Hansen zu ihrer Niederschrift kam. Das Jahrzehnt, in dem er vor allem Intendant des Ohnsorg-Theaters und kaum noch zum Schreiben gekommen war. Er kannte das Theater schon zuvor als Autor, hatte als Leiter der Abteilung Heimatfunk bei Radio Bremen mit fast allen

Ohnsorg-Schauspielern gearbeitet. Nun aber Theater von innen: „Mein Manko blieb, daß ich zugleich Direktor wie Lehrling war."
Wir setzen uns ans Noor-Ufer, wo uns seine Frau Silke erwartet. Sie hat Picknick vorbereitet. Graved Lachs, Weißbrot, ein heller, herber Wein. Jule, der Riesenschnauzer, drängt herbei. Hansens Hand vergräbt sich im schwarzen Fell. Warum er als Intendant so umstritten blieb: „Ich war kein Patriarch wie Mahler, na schön. Kein Kumpel wie Günther Siegmund, klar. Bei mir wurden Spielpläne nicht am Kneipentisch gemacht."
Dafür war jetzt eine Dramaturgie zuständig. Hansen holte sich als Mitstreiter den jungen Literaturwissenschaftler Ulf-Thomas Lesle, ebenso wenig der schulterklopfende Hemdsärmel-Typ wie er selbst. Ein Hauch unverkennbarer Kühle fuhr durch alle Ohnsorg-Gemütlichkeit. Allerdings auch unverkennbare Professionalität. Vor allem aber der Anspruch, mehr zu sein als ein behäbig populäres Amüsiertheater.

In Haithabus Schiffshalle: Schiffe waren ihre Waffen.

Was aber konnte die Alternative sein in einer Zeit, da in den Augen Hansens „die Enkel nicht mehr lange über die Scherze der Großväter lachen würden"?
Hansens Reformansatz kam nicht ausschließlich vom Spielplan her. Gewiß öffnete er das Repertoire für Klassiker bis hin zum „Faust", für Übersetzungen aus dem Ausland, ließ Stücke von Fitzgerald Kusz, Karl-Otto Mühl, Ulrich Plenzdorf aufführen, entdeckte einen Dramatiker wie Ingo Sax und regte eine „Störtebeker"-Moritát kräftig gegen jeden lokalpatriotischen Strich an. Das alles schuf dramaturgisch neue Maßstäbe.
Doch wenigstens so wichtig war, daß neue Regie-Namen erschienen. Daß bei Besetzungen das Ohnsorg-Prinzip rasch gezogener Schubladen mit dem jeweils passenden Typ darin durchbrochen wurde. Hansen verpflichtete jüngere interessante Schauspieler wie Uta Stammer, Willem Fricke, Jürgen Lederer, die so rasch in kein Klischee einzuordnen waren. Er gab älteren Ohnsorg-Darstellern mit schon festumrissenem Image wie Hanno Thurau oder Jochen Schenck die Möglichkeit, neue Farben zu entwickeln. Er band als maßgeblichen Regisseur seiner Ära Hans Timmermann ans Haus und verhalf dem jungen Wilfried Dziallas zur ersten Regie-Chance.
Alles schön und gut. Dennoch knisterte es schon bald im Ohnsorg-Gebälk. Wobei es Hansens größter Fehler gewesen sein mag, zu Beginn allzu lauthals seine umfassenden Reformpläne verkündet zu haben.
Das weckte zu große Erwartungen bei den einen, verschreckte von Beginn an die anderen. Hansen mußte sich am eigenen Anspruch messen lassen. Jeder Flop galt gleich als Niederlage seines gesamten Konzepts, jede konventionelle Schwank-Produktion als Eingeständnis, auch Hansen/Lesle würden nur mit Wasser kochen.
Das tat keinem gut. Am wenigsten Hansen selbst.
Zwar war die Spielzeit 85/86 die erste, die seit langem wieder schwarze Zahlen schrieb. Doch zu spät für Hansen. Er hatte resigniert: „Ich kann nicht weiter gehen, als ich gegangen bin, und bevor ich andere entlasse, will ich lieber mich selbst entlassen". Vor allem an den Schreibtisch des Schriftstellers. Und wenn er auch schon bald nach seinem Ohnsorg-Abschied eine

andere Intendanz übernahm, die der Niederdeutschen Bühne in Flensburg, so stand von nun an wieder seine literarische Arbeit im Vordergrund.
Hörspiele. Die Nordland-Saga. Bühnenstücke wie schon vor der Ohnsorg-Zeit. Allerdings anders in Thematik und Ton, leichter, boulevardesk. Was ihm viele verübelten. Vor allem die, für die Hansen ein Hoffnungsträger modernen deutschen Volkstheaters gewesen war. Mit leicht ärgerlicher Verwunderung sahen sie auf die Bühne, wo der Autor so wesentlicher Stücke wie „Johanninacht“ oder „Die Firma dankt“ bei „Labskaus und Schampanjer“ im „Salon Meier“ angelangt war. Doch will auch ein Schriftsteller leben. Gern und gut.
Wir essen den nach Wikingerart im Sand konservierten „eingegrabenen“ („graved“) Fisch. Wir trinken ein letztes Glas. Auf die so fernen Wikingerzeiten und die etwas näheren am Ohnsorg-Theater. Ob er nicht auch darüber einen Roman schreiben sollte?
Da zwirbelt er nur den üppigen Schnurrbart: „Lesen Sie das Wikingerbuch genau! Sie werden viele aus dem Ohnsorg-Theater wiedertreffen.“

Mit Karl-Heinz Kreienbaum im Angelner Land
„Nicht so lieblich. Aber ehrlich, treu“

Um 1980 hatte Haithabu noch einmal eine archäologische Sternstunde. Da war aus dem Noor das Wrack eines Kriegsschiffes geborgen worden, und zu den Augenzeugen hatte einer gehört, der eigens auf seinem Fahrrad von der Ostsee her angestrampelt kam.
Natürlich nicht ganz zufällig.
„Wir haben damals einen Film gemacht“, erinnert sich Karl-Heinz Kreienbaum, „der hieß ‚Durch Marsch und Geest‘, und ich bin mit dem Fahrrad einmal quer durch Schleswig-Holstein gefahren. Von Damp an der Ostsee bis nach Haithabu.“
Für ihn war das aber mehr als nur ein Film geworden: „Ein erstes Mal habe ich eigentlich diesen Teil von Schleswig-Holstein so richtig kennen- und liebengelernt.“
Die Liebe blieb. Die zum Angelner Land, wo einst im 5. Jahrhundert n. Chr. die westgermanischen Angeln zur Eroberung der britischen Inseln aufgebrochen waren. Heute Bauernland. Und Urlaubsland. Das vor allem.
Ostsee-Nähe. Gute Salzluft. Sportmöglichkeiten von Golf bis zum Surfen. Das sind touristische Pluspunkte der Region. Ponyhöfe bieten Reiterferien an. Wer hier heiraten will, kann es standesamtlich in Kappelns „Amanda“ tun, der größten Holländer-Windmühle Schleswig-Holsteins, und kirchlich einige Straßen weiter in der St.-Nikolai-Kirche, einem der schönsten Barock-Gotteshäuser zwischen Ost- und Nordsee, als Filmdekor einem Millionenpublikum aus der TV-Serie „Der Landarzt“ bekannt.
Ein Land reicher Ferienmöglichkeiten also. Noch immer nost-

algisch von der Angelner Eisenbahn durchdampft. Vorbei an gelbgewordenen Rapsfeldern, an Koppeln voll rostroter Pferde und Wiesen mit schwarzscheckigem Vieh darauf.
Wir ziehen dennoch das Auto vor. Fahren die Schlei entlang, die Wasserstraße zur Wikingerzeit von Haithabu zur Ostsee. Und der Doyen des Ohnsorg-Ensembles hat seine Pfeife angezündet, äugt unter dem Schirm seiner blauen Seefahrer-Mütze zum Fluß hinunter: „Eigentlich ja keine liebliche Gegend. Aber wie die Menschen hier. Sehr ehrlich und sehr treu."
An diesem Tag kann Angeln eine solche Sympathieerklärung brauchen. Es ist kalt. Alles durchdringender Feinstregen tröpfelt in Schuhe und Kragen, und nur auf Schlingwegen um Pfützen und Matsch herum stapfen wir in Lindaunis zum Yacht-Hafen hinunter.
Boot liegt hier neben Boot. Kreienbaum mustert sie fachmännisch. Denn Boote sind seine Leidenschaft. Wie alles, was mit Seefahrt zusammenhängt, und nichts wäre der Seefahrersohn aus Rothenburgsort lieber geworden als selber Seemann. Aber „welche mit Brille nahm ja die Marine nicht", und so waren es dann doch die Bühnenbretter und keine Planken, auf denen sich Kreienbaum schließlich wiederfand.

Ein Zug aus der Piep, Brot für die Schwäne: Angelner Idyll.

Willi Maertens wurde sein Lehrer. Der spätere Prinzipal des Thalia-Theaters, wo dann Kreienbaum ein erstes Mal auf einer Hamburger Bühne stand, Krieg, Soldatenzeit, zwei schwere Verwundungen hinter sich.
Träume dieser frühen Jahre?
Seine plattdeutsch niedergeschriebenen Lebenserinnerungen „Nix as Theater!“ und „Stüer alltieds rechten Kurs!“ deuten es an: „Mit dörtig wull ick al lang an de ‚Wiener Burg‘ op de Bühn stahn. Heff dat aber ümmerher bit to de ‚Hamburger Burg‘ bracht. Ick meen das Ohnsorg-Theater.“
Also Große Bleichen statt Wiener Ring. Und statt der Joseph-Kainz- die Ohnsorg-Verdienstmedaille, die ihm als dritten nach Erna Raupach-Petersen und Heidi Kabel verliehen wurde.
Das war 1993 und recht genau vierundvierzig Jahre seit jenem Tag im Jahr 1949, als er ein erstes Mal Hans Mahler gegenübergestanden hatte: „Der war bei meinen ersten Worten aufgestrahlt und hatte nur gesagt: Sie sprechen ja das *literarische* Platt!“
Kreienbaum hatte es bei seinem Deutschlehrer gelernt, der mit seinen Schülern plattdeutsches Theater gespielt hatte, und ein-

„Man braucht die Welt, wo weder Schminke noch Kostüm zählt.“

mal waren zwei Mädchen gebraucht worden. Die hatte man sich bei der Emilie-Wüstenfeld-Schule ausgeborgt. Eine aber, ein kichernder Backfisch, war die gerade vierzehnjährige Heidi Kabel gewesen, „eine Bohnenstange, viel zu dürr für meinen Geschmack".

So was ändert sich mit 78, und wieoft Kreienbaum inzwischen mit seiner allerersten Partnerin auf der Bühne stand, weiß er gar nicht so genau. So wie er all seine Rollen nicht mehr kennt. Kleine anfangs noch. Andere standen vor ihm, Scherau, Henry Vahl, Otto Lüthje. Erst von 1972 an kamen die großen Sachen bis hin zum „olen Lier" in der „King Lear"-Version der Ära Hansen: „Ich bin ja wohl so was wie ein Spätentwickler."

Was durchaus seine Vorteile hatte.

Weil er nicht so früh festgelegt war wie manche Kollegen. Weil Film, Funk, die Synchron-Studios, schließlich das Fernsehen nach ihm griffen und er dafür noch Zeit und Kraft hatte: „Es war manchmal so, daß ich schon ganz früh einen Funk hatte, dann Probe im Theater, dann Filmaufnahmen, abends Vorstellung und nachts bis zwei Synchron."

Das hatte neben anderem gutes Geld gebracht: „Ich war der erste am Ohnsorg-Theater, der einen eigenen Wagen fuhr, sein eigenes Haus hatte, ein eigenes Boot."

Das Boot blieb sein besonderer Stolz. Keinen Sommer hält es ihn an Land. Schon gar nicht jetzt, da er aus dem Ensemble schied und nur noch einmal im Jahr, höchstens zweimal auf der Bühne steht. Am liebsten gar nicht mehr. Aber: „Der Ruppel ist ein schlauer Hund. Der weiß, wie er mich immer wieder mit guten Rollen ködern kann."

Nur eben nicht, wenn es zum Törn hinaus auf die Ostsee geht, mit seiner Frau an der Seite, der treuen Gefährtin in fünfzig Ehejahren: „Die hat immer mitgemacht." Bis sich Kreienbaum fragte, ob nicht einmal auch ihr ein Lebenswunsch erfüllt werden sollte.

Ein Haus. Ein zweites neben dem in Hamburg. Ein Feriensitz. Nicht in Dänemark, wie zunächst geplant, sondern hier in Angeln, keine zehn Minuten von der Schlei entfernt.

Es ist mehr ein Häuschen. Klein und heimelig. Kreienbaum ist stolz: „Das hätten Sie vorher sehen sollen." Kein Grün ringsrum, und innen alles finster. Schwarzes Gebälk, braunschwarzer Teppichboden: „Ich habe erst mal Farbe reingebracht. Friesenblau und Friesenweiß.“

Das paßt eigentlich nicht ganz hierher. Eher hundertfünfzig Kilometer weiter westlich nach Nordfriesland. Aber war nicht diese große Völkerbrücke Schleswig-Holstein immer auch ein Schmelztiegel gewesen, wo die Grenzen zwischen Völkern und Kulturen nie so scharf gezogen waren?

Ortsnamen wie Kiesby oder Grödersby weisen schon in Angeln auf Dänemark hin. Wie auch diese Orte selbst. Städtchen mit hellen Fassaden und Rosenstöcken an der Front, buntgestrichene Türen und Fensterläden: dies ist Skandinaviens schmucker Vorhof. Und als im Sommer '91 die Dänen und nicht die Deutschen die Europa-Fußballmeisterschaft gewannen, sollen in Angelns Kneipen Dänen wie Deutsche einträchtig gefeiert haben.

So wird erzählt. Allerdings auch, daß in derselben Nacht deutsche Skinheads dänische Touristen zusammengeschlagen haben. Vielleicht nur eine krude Mär. Vielleicht gesamteuropäische Wirklichkeit. In Kappeln, Angelns touristischer Metropole, hört man das jedenfalls nicht so gern.

Seemannsträume von großer Fahrt: am Hafen von Lindaunis.

In der kleinen Hafenstadt hat man schon genug Sorge mit dem Image, seit hier „Der Landarzt“ gedreht wird. Schon gibt es Butterfahrten zu den „Landarzt“-Stätten, in Kappeln treffen Briefe ein, die nach „Dekelsen“ adressiert sind und dennoch richtig ankommen.
„Dekelsen“ heißt Kappeln auf dem Bildschirm. Und Touristen strömen herbei, die alles einmal aus der Nähe sehen wollen. Die (aus wenigstens vier Stätten zusammenfotografierte) „Landarzt“-Praxis, den Gasthof, wo der Herr Doktor seinen Schoppen trinkt. Und den Hof des Kräuterdoktors.
Dessen eigentlicher Besitzer hat ein kleines Heimatmuseum eingerichtet und freut sich des Zustroms. Die meisten Kappelner seufzen. Und es seufzt auch Karl-Heinz Kreienbaum.
Ein Trip nach Kappeln? Er winkt ab. Steht lieber am Ufer der Schlei, sieht zum Horizont, wo schon irgendwo die Ostsee-Bläue schimmert: „Die Weite hier, die liebe ich.“ Und spricht vom nächsten Segeltörn: „Allein mit sich und Wind und Wellen auf den Schiffsbrettern sein, das braucht man einfach, wenn man sonst immer nur auf Bühnenbrettern steht.“
Nach Kappeln kommen wir das nächste Mal. Auf der Fahrt nach Maasholm, dem Wunschziel von Christa Wehling und Jochen Schenck. Auch diese beiden sind nun schon weit über dreißig Jahre lang am Ohnsorg-Theater. Und fast ebensolange ein Ehepaar.
Auf der Bühne, wo anders?, fing es an.

Mit Christa Wehling und Jochen Schenck in Maasholm
„Wie die Fischer hier, so war ich auf der Bühne“

Der Junge konnte nicht mal küssen. Nur mit fest zusammengepreßten Lippen, wie auf der Schauspielschule einstudiert. Da konnte sich die Deern nur schütteln: Ein Liebhaber wird der nie! Wenigstens nicht auf der Bühne.

Über fünfunddreißig Jahre ist das her. Doch so anders dürfte Christa Wehling damals nicht gewesen sein. Blond, mit blauem Strahlblick und dem alterslos hellen Teint der Holsteinerin. So hatte Heidi Kabel sie vor bald vierzig Jahren auf der Laienbühne im heimatlichen Elmshorn gesehen und zu ihrem Mann gemeint: „Die Kleine wäre was für uns.“

Die Kleine war was, versehen mit Hans Mahlers gutem Rat: „Nehmen Sie man bloß keinen Unterricht! Der verdirbt nur ihre ganze prächtige Natürlichkeit!“ Daran hat sich Christa Wehling gehalten, „auch wenn mich manche immer noch eine Laienschauspielerin nennen“.

Mit sicherem Griff steuert sie den schweren Mercedes, tritt fest aufs Gaspedal. Aus dem Fond mahnt es leise: „Nicht über hundertfünfzig bitte, Christa!“ Dort sitzt ihr Mann Jochen Schenck, der Bremer Junge von damals.

Sehr anders als seine Christa. Ein Grübler, ein Tüftler, immer ein wenig uneins mit sich selbst. 1929 geboren, einer aus der Generation, die noch erfahren hat, was Hunger heißt und Angst vorm Sterben. Das ging in seine besten Rollen ein. In den Adam aus der niederdeutschen Fassung vom „Zerbrochnen Krug“. In den Narren im „Olen Lier“, den Henker im „Störtebeker“. Oder, noch in den 60ern, in seinen Jedermann im „Speel vun den Rieken Mann“.

Das hatte Hans Mahler ganz wunderbar inszeniert, mit schwer dröhnendem Glockenschlag vom Band her, wenn der reiche Mann seine Bußgebete stammelte, und es klang dann, als läute das Jüngste Gericht. Einmal aber, zur Weihnachtszeit und nachmittags war das Märchen gespielt worden, hatten nicht die Glocken geläutet, sondern frohe Kinderstimmen sangen statt dessen: „Hurra, das ist das tapfere Schneiderlein." Rolf Bohnsack, für die Tontechnik zuständig, hatte die Bänder verwechselt.
Pannen, wie sie zum Theater gehören. Wie im „Biberpelz" Schencks Versprecher: „Das ist unsere fleißige Waschfrau", hatte er sagen wollen und sagte: „Das ist die fleischige Waschfrau." Seinen Wehrhahn hatten aber Kritiker an die Seite des unvergeßlichen Martin Held gestellt.
Ob es ihm nicht etwas leid tue, immer im Niederdeutschen geblieben zu sein, erst in Bremen und dann von 1956 an in Hamburg, frage ich ihn, als wir gerade Kappeln durchfahren und uns Maasholm nähern, der Halbinsel auf der anderen Seite der Schlei-Mündung.
Schenck sieht aus dem Fenster. Doch. Zuweilen sind ihm Abwanderungsgedanken gekommen. Als er zum Beispiel in Egon Monks KZ-Film „Nur einen Tag" ein Kapo gewesen war. Er beugt sich vor: „Wann war das noch, Christa?"
So Mitte der 60er. Als man noch jünger gewesen war und der Ohnsorg-Betrieb mit Tourneen und Abstechern nicht ganz so stressig: „Da hatte man manchmal noch etwas nebenbei machen können." Auch Christa Wehling. Die hatte zum Beispiel in einem Film mitgewirkt, der „Fischerboote, Hafenkneipe" geheissen hatte, nichts Besonders, aber die Aufnahmen waren hier in Maasholm gewesen. Pferdehalter-Barde Bruce Low war dabei, die Christa Siems vom St. Pauli-Theater, der Bundes-Opa Henry Vahl. Und Christa Wehling als flotte Kellnerin in einer Hafenkneipe, die im Ziegelbau der Maasholmer Seerettungsstation aufgebaut worden war.
Man hatte Statisten gebraucht, trinkfest und von Salzluft gebräunt. Dafür waren aus dem Ort Fischer herangeholt worden, und Norbert war darunter, der Danziger, der eine Maasholmer Fischerstochter geheiratet hatte, und Gerd, der eigentlich

Ein bißchen Fischer-Romantik darf's sein in Maasholm.

Schiffsbauer war. Freundschaften entstanden, die dreißig Jahre halten sollten, und wenn Jochen Schenck mal wieder einen Fischer zu spielen hatte, „habe ich immer einen wie den Gerd vor mir gesehen. Groß und kräftig, etwas langsam in der Sprache und mit dem spezifischen norddeutschen Humor."
Wir fahren über den Damm, der Maasholm mit dem Festland verbindet. Noch um 1950 war das nur ein schmaler, bei jedem Hochwasser überfluteter Weg gewesen. Jetzt fahren täglich rund zweitausend Wagen darüber, und Jochen Schenck macht ein unglückliches Gesicht: „Irgendwie ist das nicht mehr das Maasholm, das wir mal kennenlernten. Kein richtiges Fischerdorf, mehr ein Kurort. Aber na ja, muß wohl so sein..."
Norbert ist heute im Ruhestand, und seine Wanda hat unten am Hafen einen Fisch-Imbiß. Gerd organisiert Angeltouren für Touristen und kann davon gut leben. Besser wahrscheinlich als früher vom Fischfang. Und doch hängt ein kleiner Schleier Nostalgie über allen Gesprächen.
Noch in den 60ern hatte es an die siebzig Fischer gegeben und dreißig Kutter im Hafen. Heute sind es noch fünfzehn, mit gerade einem Dutzend Kuttern. Ein-Mann-Unternehmen. Familienbetriebe. Und ist kein männlicher Erbe mehr da, erlischt meist auch der Betrieb.
In Norberts Wohnzimmer zeigen Fotos mit sanftem Gelbstich das Maasholm von einst. Das „richtige Fischerdorf". Entstanden im „sumpfigen Wald", wie sich Maasholm übersetzen läßt. Schon 1663 hatte es darum Streit gegeben. „Den auf der Maas Wohnenden" wurde per Dekret untersagt, andere beim Fischfang in der Schleimündung zu stören.
Dieses frühe Maas verschwand. Das heutige Maasholm entstand. Seine Männer ließen sich bei der Marine anmustern. Oder gingen weiter dem Fischfang nach. Die Schlei reichte dafür nicht. Nun ging es auf die Ostsee zum Heringsfang hinaus, dem wichtigsten Fisch schon zu Haithabu-Zeiten, und die Kappelner Räuchereien waren willige Abnehmer. Was sie jedoch nicht brauchen konnten, wurde eingepökelt, auf Fäden gezogen und am Dachgiebel getrocknet. Das waren dann die „Sünnheringe" von Maasholm.
Keine Sünnheringe mehr an den Giebeln. In der Weststraße

nicht mehr als Kopfsteinpflaster aus faustdicken Ostsee-Brocken, worüber die Holzklotzen der Fischer geklappert waren. Aber die Häuser behielten ihre altvertraute Pracht mit Rosenstöcken an den Fassaden, und wir bleiben vor Maasholms ältestem Haus stehen, wohl schon aus dem 18. Jahrhundert. Dort hatte während der Filmaufnahmen Henry Vahl gewohnt. Das Reetdach moosbedeckt, eine schmiedeeiserne Laterne davor, Rosen auch hier, tiefrot und lachsrosa. Nun müßte noch eine Filmkamera her, dann wäre die Szenerie perfekt. Wie über ganz Maasholm der Anflug einer Filmkulisse liegt, als würden gleich die Scheinwerfer erlöschen und alles wäre nur gemalte Dekoration.

„Gemeinsam ist alles etwas leichter, auch das Theater."

Aber die Menschen hier, wohl siebenhundert, sind Wirklichkeit. Sie wollen bestehen. Die „weiße Industrie“ bietet noch die beste Chance. Man sucht sie zu nutzen. Und dafür muß Maasholm wenigstens den Anschein wecken, als sei es immer noch das ursprüngliche Fischeridyll von früher.
Norbert hat sich uns angeschlossen. Die Rosenstöcke, erzählt er, werden von der Gemeinde subventioniert. An den Fassaden dürfe nichts geändert werden. Auch an den früheren Anlegestellen der alten Fischerboote nicht. Die hatten wir schon auf den Fotos an der Wand gesehen. Nun stehen wir in natura davor. Und wieder die Frage: Was ist noch Wirklichkeit, was nur noch sorglich zurechtgestutzter Schein?
Wir kommen zum Hafen an der Schlei. Vierhundert Liegeplätze umfaßt er, meist für Privatjachten. Und dann schiebt sich doch noch ein richtiger Kutter dazwischen mit richtigen Fischern darauf. Mit solchen, die noch jeden Morgen früh um fünf hinausfahren und am Nachmittag wiederkehren. Dieser Kutter ist nun kein Hobby-Spielzeug mehr, keine Freizeit-Attrappe. Maasholms kleine Künstlichkeit verfliegt.
Es riecht nach Salz, es stinkt nach Hering. Vom Dach des Lagerhauses starren Möwen herüber. Gleich werden sie sich auf das stürzen, was ihnen als Atzung bleibt. Erst mal schleppen aber junge Burschen in überweiten orangenen Hosen die Beute an Land.
Vielleicht werden auch sie sich bald schon von besseren Arbeitsbedingungen in die Städte locken lassen. Einstweilen sind sie noch Maasholmer Fischer. Und sie sortieren den Fang, Heringe hierher, ein Steinbutt dazwischen, der dorthin.
Touristen drängen heran, fotografieren. Einer will wissen: „Was machen Sie denn da?“ Ein Bursche blickt hoch, mit totternster Miene: „Wir zählen die Fische. Damit wir abends wissen, was wir am Tag gemacht haben.“
Die Aufmerksamkeit wendet sich Christa Wehling und Jochen Schenck zu. Die beiden kennt man doch. Vom Fernsehen her oder so. Endlich: „Sie sind doch die vom Ohnsorg-Theater, nöch?“
Nicht mehr so ganz. Streng genommen. Seit der Spielzeit 91/92 gehört das einzige „Ohnsorg-Ehepaar“ nicht mehr zum

Ensemble. Beide sind in den Ruhestand gegangen, ein wenig früh, in den besten Schauspielerjahren, wo das reife Fach, die Alt-Männer- und Alt-Damen-Rollen, eigentlich erst beginnen. Dennoch soll für Wehling/Schenck zunächst einmal Schluß sein mit der Arbeit an den Großen Bleichen. Über die genauen Gründe wollen sie im einzelnen nicht sprechen. Eine gewisse generelle Theatermüdigkeit gehört sicherlich dazu.

Zweihundert Rollen hat jeder gespielt, Schenck ein halbes hundert Mal Regie geführt. Zehn Jahre kommen noch hinzu, in denen er Ohnsorg-Oberspielleiter war, und einmal hätte er Intendant werden können. Das hat er nicht gewollt: „Administration macht mir nicht Spaß, und wenn was keinen Spaß macht, ist man auch nicht gut."

Wir gehen zum Parkplatz zurück, am Wasser entlang mit den Häusern, die kaum noch einem Maasholmer gehören. Das sind Feriensitze, Zweitwohnsitze. Unten am Hafen kreischen die Möwen, das Tagwerk der Fischer scheint beendet zu sein, bis zum nächsten Morgen um fünf Uhr früh.

Jochen Schenck stopft die Fäuste in die Taschen: „Nun sagen Sie mal: Was sollte ich denn wohl noch spielen?" Vielleicht doch noch einmal einen Fischer. Einen aus Maasholm. Der immer noch hinausfährt, sein Netz auswirft. Weil er als Fischer überleben will. Obwohl seine Zeit längst schon vorüber ist.

Mit Erna Raupach-Petersen in Flensburg
„In meiner Jugend noch richtig eine Kleinstadt"

Christa Wehling und Jochen Schenck. Karl-Heinz Kreienbaum. Drei von denen, die noch beim Ohnsorg-Aufstieg in den 50ern dabei waren. Wie sonst nur noch Hilde Sicks. Heidi Kabel natürlich. Und Erna Raupach-Petersen, die Ohnsorg-Seniorin.

„Nach den ersten Fernsehübertragungen fing es an, daß man schon mal zum Chef gerufen wurde und dann fünfhundert oder tausend Mark zusätzlich erhielt", einnert sich die 87jährige. Meist war sie damals die Mutter gewesen. Herzhaft und resolut. Von jener klaren Blondheit, die gleich schon auf ihre Flensburger Herkunft verwies.

Dort sind die Menschen so. Nüchtern und erdennah, aber auch schon mit dem kleinen Schuß dänisch leichtlebigen Savoir-vivre im Blut. Gute Rechner wie die Friesen. Aber heller, heiterer. Im Ohnsorg-Ensemble kommt nicht nur Erna Raupach-Petersen aus Flensburg. Auch Uta Stammer. Und Jürgen Pooch, der Ostpreuße, wuchs dort auf. Aber bei keinem reicht die Erinnerung so weit zurück. In Zeiten, „als die Stadt ja eigentlich noch eine richtige Kleinstadt war".

Die Kaffeebesuche rundum am Sonntag. Abends um sechs der Bummel auf dem Holm, der Flensburger Prachtstraße, und die Schüler hatten die bunten Mützen vor den Backfischen gezogen. Am Himmel kreiste aber Hugo Eckner, der Flugpionier und Freund von Vater Petersen. Der hatte stets über dem Elternhaus grüßend die Flügel gedippt.

Erna Raupach-Petersen zieht ein Album hervor. Postkarten mit Ansichten aus dem Flensburg von einst. Und vieles davon gibt

es nur noch in ihrer Erinnerung. Den Dampfschiff-Pavillon, wo sonntags die besseren Herren das Flensburger Nationalgetränk zu sich nahmen, einen möglichst steifen Grog. Oder den bunt ausgemalten Gnomenkeller, wo das Theatervölkchen der Niederdeutschen Bühnen gelungene Premieren fröhlich feierte.
Doch das Nordertor gibt es noch, Wahrzeichen der Stadt. Und das andere Wahrzeichen auch, die Kaufmannshöfe aus der Zeit, als Flensburg im Zeichen der Hanse zur bedeutenden Handelsstadt aufgeblüht war. Und die Marienkirche, vor der das 86. Infanterieregiment jedes Jahr den Geburtstag seiner Chefin, der Kaiserin Augusta, mit einer Parade gefeiert hatte. Vorweg die Herren Offiziere mit dem Federbusch am Helm, und das hatte schmuck ausgesehen.
Erna Raupach-Petersen lächelt ein wenig, sucht meinen Arm, läßt sich stützen, als wir vor der Marienkirche die Marienstraße hinaufgehen, steil wie viele hier in dieser auf beiden Seiten der Förde hügelan gewachsenen Stadt.
Hier findet Reto Klar sein Motiv, baut den Vorhang auf. Schuljungen wollen wissen, was das wird: „Eine Schauspielerin ist die? Sieht aber gar nicht so aus."
In Flensburg weiß man eben, wie Schauspielerinnen aussehen müssen. Ein wenig grell und bunt. Nicht so, wie man es in guten Familien gern hat. Auch bei Kaufmann Petersen nicht. Dennoch war die einzige Tochter zum Theater gegangen. Erst zur Niederdeutschen Bühne hier in der Heimatstadt. Dann in Kiel und Krakau, dort als Gattin des „Heldenvaters" Walter Raupach, der es nicht so gern gesehen hatte, wenn seine um vierzehn Jahre jüngere Frau gleichfalls auf den Brettern stand. Aber „etwas Hauptmann, das Gretchen sind doch für mich abgefallen".
Das war schon im Krieg gewesen. Walter Raupach fiel in den letzten Kriegstagen. Kurz bevor in Flensburg die letzte Regierung des Dritten Reichs die Kapitulation erklärt hatte. Seine Witwe mußte weiterleben, irgendwie. War auf Tournee quer durchs zerschossene Deutschland gegangen. Zwei Jahre lang mit Strindbergs „Vater" und dem genialischen Mimen und Saufkopp Hermann Speelmanns als Partner: „Welchen Hunger damals die Menschen auf Theater hatten."

Der Hunger war irgendwann gestillt. Leben und Bühne normalisierten sich. Erna Raupach-Petersen wurde die blonde Brave vom Ohnsorg-Theater, blieb es vierzig Jahre lang. Bis zu ihrer letzten großen Rolle in „Oma ward verköfft".
Die Oma war eigentlich mal ein Opa und ein Parade-Part von Henry Vahl gewesen. Konrad Hansen hatte das umarbeiten lassen: „Er wollte ja immer eigens eine Rolle für mich schreiben. Aber dazu ist es nie gekommen."
Hansen leitet heute die Niederdeutsche Bühne in Flensburg, wo es gleich noch eine andere Spezialitätenbühne gibt. In der Marienstraße, klein und niedlich. Das „Lille"-Theater. Dort wird nur dänisch gespielt. Nicht das einzige Dänische hier. Dänisches auf den Speisekarten, manch dänischer Name an Türen und auf Firmenschildern: Im Kern ist Flensburg immer die typische Grenzstadt gewesen. Dänisch auf noch deutschem oder deutsch auf noch nicht dänischem Boden. Das mischt sich hier. Nicht zu Flensburgs Nachteil.

Ein Schiff aus Großmutters Zeiten im Hafen von Flensburg.

Was deutsche Flensburger nicht gern hören: „Damals, 1920, als die große Abstimmung war, ob wir nun dänisch oder deutsch sein wollten, hat es eine ungeheure Aufregung gegeben, und wir alle zogen durch die Straßen, haben gesungen ‚Wir wollen keine Dänen sein' und ‚Schleswig-Holstein meerumschlungen' ..." Und noch ein paar andere Verse, die sie bis heute nicht vergessen hat.
Erna Raupach-Petersen rezitiert sie, als wir oben am Städtischen Museum stehen, einer Stiftung des Möbelfabrikanten Heinrich Sauermann, aus dessen Werkstätten Theodor Storms „Schimmelreiter"-Schreibtisch stammt. Unter uns liegt Flensburg, wie zu unseren Füßen. Sehr blank und hell, ohne Husums Grauschleier, wie von frischem Wäscheduft umweht mit einer Prise gutem Rum dabei.
Man versteht, warum gerade hier, im Schutz der steilen Förde-Ufer und doch zur See hin offen, schon im 12. Jahrhundert gesiedelt wurde und warum hier und nirgendwo anders Dänemarks „Swatte Gret" den südlichen Stützpunkt ihres erträumten Drei-Länder-Imperiums haben wollte, die Königin Margarete und „Semiramis des Nordens", die 1412 in Flensburg an der Pest starb. Und Erna Raupach-Petersen zitiert: „Stadt im Tal, umkränzt von Hügeln/Waldumrauscht, vom Meer bespült/Immer hab' ich aller Orten/Stolz mich als dein Kind gefühlt."
Sie sagt es ohne Heimweh-Zähre. Denn zwar ist sie gern in ihrer Heimatstadt, aber sie fehlt ihr eigentlich nicht: „Mir fehlt vor allem das Theater."

Mit Beate Kiupel in Braunschweig
„Theater ist hier noch ein Thema“

Bei Flensburg war es, als mich einmal der Veranstalter einer Lesung mit den Worten vorstellte: „Der Autor hat längere Zeit im Süden gelebt.“ Das hatte nach Palmen und Sonne geschmeckt, nach weißem Strand und blauem Meer. Es war aber, geographisch völlig korrekt, Braunschweig gemeint.
Dort gibt es keine Palmen, Sonne eher selten, und das Meer ist weit. Dafür gibt es dort einen der schönsten romanischen Dome Europas. Und Brauereien mit berühmt gutem Bier. Braunschweiger Wurst und Braunschweiger Spargel und im Herbst nach dem ersten Frost das Braunschweiger Nationalessen, Braunkohl mit Bregenwurst. Und es gibt das Staatstheater.
Wo Anja Silja und Rudolf Schock angefangen haben. Cornelia Froboess, Gert Voss und René Kollo. Und wo zwischen 1985 und 1987 Beate Kiupel engagiert war.
Wir gehen an der Bühnentür vorbei, und Beate Kiupel kann nicht widerstehen: „Morgens früh da reinzugehen, irgendwo sang sich einer ein, spielte eine Klarinette, das war das Schönste.“
Heute spielt niemand Klarinette. Aber der Pförtner umarmt Beate Kiupel fast wie eine verlorene Tochter, der Verwaltungsdirektor kommt wie zufällig vorbei: „Mensch, Beate! Gerade gestern haben wir dich im Fernsehen gesehen.“
Ein bißchen Stolz, ein bißchen Neid. Das übliche Ohnsorg-Syndrom. Karl-Heinz Kreienbaum erzählt gern davon. Wie ihn bei Funkaufnahmen die anderen über die Schulter ansahen, ach, der Ohnsorg-Fritze, bis er einmal schüchtern fragte: „Im nächsten Stück ist noch eine kleine Rolle zu besetzen, hoch-

deutsch. Ist einer von euch frei?“ Alle Hände waren hochgeflogen.
Die Fernseh-Popularität. Die lockt. Und die hohen Gagen. Beate Kiupel hatte in Braunschweig 1600 Mark im Monat bekommen, an den Großen Bleichen gleich das Dreifache. Dafür stand sie jeden Abend auf der Bühne und tagsüber wenigstens einmal im Weihnachtsmärchen. Das zahlt sich aus.
Auch künstlerisch?
Beate Kiupel denkt nach: „Mir macht das En-suite-Spiel nichts aus. Besser jeden Abend mit einer Rolle auf der Bühne stehen und an ihr feilen als mit vierzehn Tagen dazwischen.“ Allerdings: „Am Staatstheater war ich nicht in eine einzige Produktion so eingeschottet, sah mich auch in anderen Sparten um, ging zu Opern, war im Ballettsaal, guckte bei den Proben zu anderen Produktionen zu.“
Ein Drei-Sparten-Betrieb. Und ein Mittelpunkt der Stadt, links und rechts vom Großstadtverkehr umspült, eine Insel, auch das. Wie manche andere in dieser spröden, sperrigen, sehr niedersächsischen, auch niedersächsisch dumpfen Stadt, von der Zyniker meinen, sie sei nicht eigentlich bewohnbar.
Was schamlos übertrieben ist. Man muß nur ihre Inseln kennen. Die gleichsam inoffiziellen. Und die anderen natürlich auch, die aus dem Baedeker. Dort, wo Braunschweigs Vergangenheit plötzlich wieder Gegenwart zu sein scheint.
In der Altstadt um die Magnikirche herum mit viel Kneipen und Fachwerk. Oder auf dem Platz zwischen Burg und Dom. Dort spiegelt sich noch heute, was Braunschweig einmal war. Die Metropole im Norden. Viel wichtiger als das zunächst noch ganz unscheinbare Hamburg. Wichtiger fast als Lübeck. Die Metropole Heinrichs des Löwen.
Im 12. Jahrhundert hatte der mächtigste, reichste und ehrgeizigste aller Welfenherzöge die alte Burg Dankwarderode zu seiner Residenz ausgebaut. Er hatte den Dom St. Blasii gestiftet und seinen Löwen als Wahrzeichen davorgestellt. Und wenn inzwischen dieser Löwe nur eine Attrappe ist, weil man das Original vor den Umweltgiften in Sicherheit gebracht hat, so läßt sich doch noch immer ahnen, wie es hier in seinem Schatten zu Heinrichs Zeiten zugegangen ist.

Trutzig nach Osten gewandt: Braunschweigs Löwe vor dem Dom.

Wie Besuch eintraf, aus Byzanz oder Britannien oder den slawischen Gebieten östlich der Elbe. Wie Heinrich seine Frau heimholte, die englische Prinzessin Maud, und von hier aus mit eisenharter Hand sein nordeuropäisches Imperium regierte, um endlich seinem kaiserlichen Vetter Barbarossa zu unterliegen und, entmachtet, gedemütigt, nur noch ein Schatten seiner selbst, 1195 in Braunschweig zu sterben.
Nie mehr sollte seine Stadt eine ähnliche Blüte erleben.
Eine große Vergangenheit ist eine große Last. Braunschweig hat sie zu spüren bekommen. Und sein Theater auch. Auch wenn dort kein Löwe regierte.
Dafür wurde dort „Faust" uraufgeführt wie schon zuvor Lessings „Emilia Galotti". Und dann gab es noch das vielzitierte „Braunschweiger Theaterwunder" gleich nach dem Krieg, als sich allein auf die Nachricht hin, irgendwann würde im schwer beschädigten, mühsam geflickten Bau der Spielbetrieb aufgenommen, zwanzigtausend Abonnenten meldeten. Mehr als je die Hamburger Glanz-Bühnen Deutsches Schauspielhaus und Thalia hatten, selbst zur Gründgens- und Gobert-Zeit.
Die Braunschweiger lieben ihr Theater. Sie kennen und lieben ihre Schauspieler. Beate Kiupel: „In dieser Stadt ist Theater noch ein Thema." Aber dieselbe Stadt schafft es in drei Jahrzehnten nicht, für sein Sprechtheater eine angemessene Spielstätte zu bauen. Und zur Renovierung des in allen Fugen ächzenden Großen Hauses entschloß man sich erst, als es fast schon eine Bauruine war und aus der Dachrinne eine einsame Birke sproß.
Aber dann wieder gibt es hier einen „Ring" zu sehen, der vorbildlich für die gesamte heutige Wagner-Rezeption war. Oder man erlebt im sogenannten Kleinen Haus hoch unter dem Dach einer ehemaligen Kaserne Produktionen von absolutem Weltstadt-Niveau (die nur kein Weltstadt-Kritiker je wahrgenommen hat). Oder auch: Trotz totaler Überlastung findet sich immer noch eine Nische für ein sehr anspruchsvolles Kinder- und Jugendtheater.
Dort hat die Hamburger Kaufmannstochter Kiupel angefangen, als sie frisch von der Schauspielschule nach Braunschweig kam. In einem Hinterhof des Magni-Viertels liegt seine Spielstätte,

und Beate Kiupel geht noch einmal die knarrende Treppe hinauf, atmet entzückt die staubige Luft, horcht in den Saal hinein, wo eine Probe läuft. Dort hat sie das Gretchen im „Urfaust“ gespielt und die Hauptrolle im Aufklärungsstück „Was heißt hier Liebe?“. Eine schöne Zeit, so unwiederholbar frisch und prägend wie alle Anfängerjahre.

Es ist Mittag. Wir haben Hunger, gehen wenige Schritte weiter in ein Lokal, wo es nur Kartoffeln gibt, in allen Spielarten, und Beate Kiupel bestellt ein Gratin mit Schinken, nimmt einen kräftigen Schluck Braunschweiger Bier, sieht sich im heimeligstilvollen Altstadt-Interieur um: „Komisch, daß ich in zwei Jahren Braunschweig nie hier gewesen bin.“

Das Kreuz eines jeden Schauspielers.

Man kommt in eine fremde Stadt, kennt keinen, nur Rollen, Arbeit. Tags Probe, abends Vorstellung. Und zwischendurch zum Atemholen vielleicht mal ins Grüne.

Hier in Braunschweig nach Riddagshausen zum Beispiel zwischen Teichen und Wald, in das sorgsam restaurierte Dorf mit seinen geduckten Fachwerkhäusern und der Klosterkirche aus dem 13. Jahrhundert, die Zisterzienser-Mönche gebaut hatten. Auch das ist Braunschweiger Geschichte, leiser und liebens-

Neue Kunst in einer alten Stadt: Plastik von Jürgen Weber.

würdiger als ihre hochmütig auftrumpfenden Zeugnisse auf dem Burgplatz. Aus der Kirche hört man einen Choral, dort muß gerade Andacht sein, und Beate Kiupel erzählt von den plattdeutschen Bibeltexten, die sie allmorgendlich im Funk liest: „Erstaunlich, wieviel Leute das hören.“ Noch erstaunlicher, „welche Kraft das Plattdeutsche den Texten zuführt“.
Gerade hat sie an den Großen Bleichen Hauptmanns „Rose Bernd“ gespielt, ein wenig der Abschied von all den frechen Blonden, die in sechs Jahren ihr Ohnsorg-Fach geworden waren. Ein Wechsel bahnt sich an, vom frisch-fröhlichen jungen Mädchen zur reiferen Frau. Auch der Wechsel zu einer anderen Bühne, ins Hochdeutsche?
Der wird wohl irgendwann mal fällig sein. Aber gleich auch kommt die typische Ohnsorg-Angst auf, die schon manchen ein Schauspieler-Leben lang an gerade diese Bühne band: „Hat man denn nach sechs Ohnsorg-Jahren überhaupt noch irgendwo ein Chance?“
Aber immer Ohnsorg-Schauspielerin sein bis ins hohe Alter wie Erna Raupach-Petersen? Das kann sich die um zwei Generationen jüngere Kollegin wieder auch nicht vorstellen: „Dafür bin ich einfach nicht der Typ.“ Und weiß doch jetzt schon, was ihr bei einer Rückkehr ans hochdeutsche Theater am meisten fehlen würde: „Dieses Gefühl, mit einiger Sicherheit allabendlich vor vollem Haus zu spielen.“

Mit Antje Schröder im Vogelschutzgebiet Mühlensand

„Einfach dasitzen, das Schauspiel Natur genießen“

Beate Kiupel kann sich nicht vorstellen, für immer an den Großen Bleichen zu bleiben. Antje Schröder, zehn Jahre länger dabei, will diese Möglichkeit immerhin nicht ausschließen und nennt auch gleich den Grund: „Ich liebe das Plattdeutsche. Es sollte unbedingt erhalten bleiben.“

Sie hat ins kniehohe Gras gelangt und einen rotleuchtenden Apfel vom Boden geangelt. Kräftig beißt sie hinein, eine schlanke Frau und so hoch gewachsen, daß sie damals ’76 bei ihrer Vorstellung am Ohnsorg-Theater die Schuhe ausziehen mußte: „Die wollten sehen, ob ich nicht zu groß für die kleine Bühne bin und oben an der Decke anstoße.“

Sie war gerade richtig. Und spielte zunächst all die hellhäutig munteren Töchter, Schwiegertöchter, Bauernmädchen, Seemannsbräute. Das änderte sich mit den Jahren. Schon ihr „Faust“-Gretchen 1983 durchbrach das Bild der immer proper wohlgelaunten Blonden. Heute sind ihre Rollen schwieriger, vielschichtiger geworden, und das ist gut so: „Man kann doch nicht immer nur nett und sauber sein.“

Auch wenn sie sich im Kern gleich geblieben sein mag. Die Holsteiner Deern, die am liebsten auf dem Land irgendwo zwischen Treene und Eider bei den Großeltern war: „Wenn es zurück in die Stadt ging, habe ich geweint.“

Diese Welt mag sie immer noch im Blickwinkel haben und im Herzen ganz gewiß, wenn sie zwischen Proben zu ihren Wanderungen aufbricht. Die Elbe hinunter. Oder durchs Alte Land, in die Harburger Berge. Oder hier zum Mühlensand an der Alten Süderelbe zwischen Francop und Neuenfelde.

Ein Binnendeich zieht sich die Straße entlang. Dahinter ein schmaler Weg, quer durch eine Apfelplantage. Brennesseln wuchern, Vogelbeeren leuchten. Hier also beginnt das kleine Vogelparadies, wo der Mensch nur Zaungast ist.
Ein Schild bittet: „Helfen Sie mit, damit uns nicht die Arbeit über den Kopf wächst." Darunter: „Naturschutzbund Deutschland". Er hat die Hege des Reviers.
Mit der Sturmflut von 1976 fing es an. Damals war hier der Erdboden für die nötigen neuen Deichbefestigungen abgetragen worden. Eine neue Landschaft entstand. Drei Teiche, zwei davon nur untereinander, der dritte mit der nördlich vorüberströmenden Alten Süderelbe verbunden. Das ist das Vogelschutzgebiet Mühlensand.
Wir klettern zu einer der beiden Beobachtungshütten hinauf. Antje Schröder schiebt von den Sehschlitzen die Sichtblenden hinweg. Draußen ein stiller Morgen, klar, kalt und blau. Vom anderen Elbufer leuchten Blankeneses Villen herüber. Vor uns aber die sechzehn Hektar des Mühlensandes. Vieh grast auf den Weiden. Reiher stehen hochbeinig am Ufer. Hoch am Himmel kreist ein Mäusebussard. Antje Schröder beugt sich vor, preßt das Glas vor die Augen.
Fischadler gibt es hier, Turmfalken, Eisvögel und Uferschnepfen. 34 Arten brüten hier. Noch einige Dutzend andere suchen Nahrung oder rasten nur. Viele davon stehen auf der Alarmliste des Naturschutzbundes, sind vom Aussterben bedroht. Hier werden sie vielleicht überleben können. Die Rotschenkel und die Braunkehlchen. Die Löffel- und die Schnatterenten. Die Rohrdommeln und Bekassinen.
Antje Schröder hat das Glas wieder abgesetzt. Sie holt die Thermoskanne mit Tee aus dem Rucksack, schenkt ein: „Mit der Zeit bin ich schon eine richtige Hobby-Ornithologin geworden." Am Theater das eher seltene Steckenpferd.
Doch war zur Bühnenleidenschaft wohl immer schon anderes dazugekommen. Fernweh vor allem. Weshalb sie ebenso gern Schiffsstewardeß geworden wäre und schon auf dem späteren Fernseh-„Traumschiff", der „Vistafjord", angeheuert hatte. Doch nach dem ersten halben Jahr große Fahrt kam das Ohnsorg-Angebot.

Die Reiselust blieb. Wohl vermischt mit der Ahnung, Bühne dürfe nicht alles sein. Da war sie dann nach China gereist und nach Island, gemeinsam mit ihrem Mann, einem Koch, der gerade auf Rügen Hotel-Nachwuchs ausbildet.
Sie essen gern. Sie wandern gern. Und hierher zum Mühlensand am liebsten ganz früh am Morgen, wenn sich im Vogelparadies das erste Leben regt: „Dann ist hier alles voll von Vögeln.“ Und das sind dann Augenblicke der Sammlung, Entspannung, der Abkehr von allem Theater: „Einfach so dasitzen, das Schauspiel Natur genießen. Das kann aufregender als jede Rolle, jede Inszenierung sein.“
Ob sie dazu auch schon mal Kollegen vom Theater hinzubitten? Antje Schröders Brauen ziehen sich verwundert in die Höhe. Der schon aus anderen Gesprächen vertraute Refrain: Man sieht sich doch schon im Theater oft genug. Da will man wenigstens privat für sich bleiben. Jeder in seiner Welt.

Morgens früh, die schönste Zeit im Vogelparadies Mühlensand.

Es scheint dies oft eine sehr bewußte Gegenwelt zum Theater zu sein. Wo nicht Maske und Kostüm getragen werden und niemand den Text vorschreibt. Und die Rolle, die der einzelne spielt, hat sich jeder selbst gewählt.
Karl-Heinz Kreienbaum und Werner Riepel, ein anderer Ohnsorg-Veteran, haben ihre Boote, Rolf Bohnsack und Jürgen Lederer Areale weit draußen vor der Stadt, wo der eine Vieh züchtet und der andere Apfelbäume sammelt, schon fünfzig Sorten an der Zahl. Jasper Vogt hat einen Sportverein gegründet und unternimmt Tandem-Touren mit Blinden quer durch den Sachsenwald. Und Antje Schröder braucht eben dies hier. Das Naturschauspiel im Vogelschutzgebiet.
Sie hat wieder das Glas gehoben und folgt dem Flug der Fischreiher: „Das mit der Ohnsorg-Familie macht sich ja gut für das Theater-Image und ist damit okay. Aber mit unserer eigentlichen Arbeit am Theater und im Ensemble hat das gar nichts zu tun.“
Erst eine Entwicklung der jüngeren Zeit und in der jungen Ohnsorg-Generation?
„Sie hätten mal die berühmte Ohnsorg-Familie erleben sollen, wenn ein attraktives Film- oder Funkangebot vorlag. Da hat aber keiner mehr an die Familie und jeder nur noch an sich selbst gedacht.“
Das sagt nun nicht mehr Antje Schröder. Das waren Worte von Hilde Sicks und bezogen sich auf die angeblich so harmonisch goldenen 50er Jahre. Die gute alte Zeit, will scheinen, findet auch an den Großen Bleichen nur in der Erinnerung statt.

Mit Hilde Sicks in der Haseldorfer Marsch
„Wie lauter Bühnenbilder von Hans-Albert Dithmer"

Auch Hilde Sicks ist manchmal vor allem Theater geflüchtet. Auch sie zog es dann an die Elbe. An das gegenüberliegende Ufer allerdings, in die Elbmarsch, mehr zum Westen hin. Dort, wo die Haseldorfer Marsch liegt.

„Wir sind bis Wedel gefahren, noch richtig mit der Dampflok", erinnert sie sich an die 40er Jahre, als sie die ersten Male hierherkam, noch als Schauspielschülerin, die als „Schneewittchen"-Zwerg im Weihnachtsmärchen die erste Bühnenluft geschnuppert hatte, „dann ging es zu Fuß weiter, drei Stunden immer auf dem Deich entlang".

Auch jetzt gehen wir über den Deich, sehen auf die Elbe hinter dem grün hingestreckten Vorland, und Hilde Sicks versucht, eines der grasenden Lämmer zu streicheln: „Ein bißchen hier wie in Nordfriesland, nicht?"

Das war früher ihre Ferienlandschaft gewesen. Eiderstedt vor allem, die Halbinsel westlich von Husum, mit dem Heil- und Schwefelbad St. Peter-Ording. Aber dort wurde es ihr zu laut und zu voll, „all die vollgepfropften Busse".

Im Herbst ist sie manchmal auf Sylt. Dort ist dann alles still und leer. Und dann hat sie das hier wiederentdeckt. Ihr Ausflugsziel in den 50ern, wenn sie ein wenig Erholung von allen Theater-Turbulenzen gebraucht hatte.

Harte Jahre damals an den Großen Bleichen. Noch fern aller Fernsehglanz. Vorbei der große Theaterhunger nach dem Krieg. Intendant war zunächst Rudolf Beiswanger gewesen, ein Schauspieler und Autor, „nicht so herrenhaft patriarchalisch wie später Mahler, mehr der Kumpel und Kollege".

Aber zuwenig Pragmatiker, kein Diplomat. Politisch eher links eingestellt. Einer, der zur Erbitterung konservativer Gralswächter die Ansicht vertrat, nach dem schrecklichsten aller Kriege könne nichts so weitergehen wie bisher. Auch das Volkstheater nicht.

Eine Einstellung, die ihn letztlich den Intendantensessel kostete. Das war 1949. Hans Mahler rückte nach.

Ein schwieriges Erbe. Denn mit dem Blick auf die immer vollen Theatersäle der allerersten Nachkriegszeit hatte Beiswanger hochgemut auf alle staatliche Unterstützung verzichtet. Nun war die Währungsreform gekommen. Den Menschen war alles wichtig, nur nicht das Theater. An manchen Abenden, erinnert sich Hilde Sicks, „haben wir vor dreißig Leuten gespielt“.

Subventionen mußten her. Und Abonnenten.

Der Ohnsorg-Trupp machte sich auf die Beine, zog von Tür zu Tür, Heidi Kabel darunter und Hilde Sicks auch: „Wir waren beide nicht sehr erfolgreich. Ich konnte gerade zwei Abonnenten werben, meine Mutter und eine Tante.“

Allmählich erst füllte sich der Saal. Ein spezifisches Ohnsorg-Publikum stellte sich ein. Und hatte bald schon seine Lieblinge. Den dicken Walter Scherau vor allem. Die Kabel, blond und hübsch. Und Hilde Sicks.

Die war frech, ein bißchen sexy, „soweit bei Ohnsorg möglich“. Ein kleines Raunen ging um, wenn in Schureks „Stratenmusik“ Heini Kaufeld ächzte: „Solch ein Weib in den Armen halten.“ Eines, das zudem noch singen und tanzen konnte.

Weshalb der Rundfunk die Sicks immer wieder zu seinen bunten Nachmittagen rief. Schöne, strapaziöse Zeiten. Zwischendurch waren kreative Pausen nötig. Und die am besten in der Haseldorfer Marsch, „wo es nicht nach Leim und Schminke roch“.

Eher schon mal nach teurem Parfüm.

Denn in dieser Zeit entdeckte die Showbiz-Schickeria der 50er die Haseldorfer Marsch, und im Freßlokal gleich neben den Karpfenteichen konnte man Zarah Leander im Tête-à-tête mit ihrem Leibkomponisten Michael Jary entdecken oder die Künneke oder Lale Andersen.

Das Lokal gibt es längst nicht mehr. Wohl aber in behäbiger

Wie vom Bühnenbildner hingezaubert: die Haseldorfer Kirche.

Dorfkrug-Beschaulichkeit den Haseldorfer Hof und dort die Wirtin Wanda in weißgerüschter Schürzenpracht. Die ist nun schon 34 Jahre hier, und manches an der Marsch will ihr gar nicht mehr gefallen.
Daß hier soviel gebaut wird und so viele Leute auf der Flucht vor hanseatischen Mieten und Grundstückspreisen hierher ziehen. Aber um ihren Gasthof herum ist alles noch beim alten geblieben und von den Zeitläuften so unberührt, als würde jeden Augenblick dort draußen an den Fenstern die Prinzessin Schönaich-Carolath vierspännig vorüberfahren, hinauf zu ihrem Schloß.
Die Prinzessin gibt es wirklich. Das Schloß auch. Dort drüben in Sichtweite. Hilde Sicks beugt sich zum Fenster: „Ein Juwel, nicht?"
Kein düsterer Backstein. Kein protziges Barock. Klar, hell, wie mit dem Silberstift in die Landschaft gestrichelt. Dänischer Klassizismus vom Feinsten, 1804 gebaut, und Architekt soll der berühmte Frederik Hansen gewesen sein, der zur gleichen Zeit drüben in Blankenese die Elbchaussee mit ihren üppigsten Landhäusern bestückte.
Vielleicht nur eine Legende. Wie die Behauptung, in Haseldorf habe der Dichter Klopstock gelebt und Teile seines „Messias" seien hier entstanden. Sicher ist hingegen, daß der Erbauer Hansheinrich Schilden war, ein in den Adelsstand erhobener Herr aus dem Hannoverschen im dänischen Hofdienst, als noch Holstein zum dänischen Gesamtstaat gehörte. Und daß die letzte Schilden 1896 einen der schlesischen Prinzen von Schönaich-Carolath ehelichte, den „Dichterprinzen" Emil, dessen „Don Juans Tod" noch manch heutiger Literaturgeschichte einige ehrende Zeilen wert ist.
Das Schloß blieb Privatbesitz. Wozu der mit seiner Vielzahl exotischer Gewächse sehenswerte Park gehört. Nicht mehr die nur wenige Schritte entfernte Kirche, 750 Jahr alt, eines der schönsten spätromanischen Bauwerke in den Elbmarschen.
Wenn aber Fremde von der „Schloßkirche" sprechen und manche sich dort sogar trauen lassen möchten, wird ihnen nicht widersprochen. Weil das dem Fremdenverkehr nutzt, und der wiederum kann Werbung jeder Art brauchen. Eine „Schloßkir-

che“, die keine ist, ebenso wie die Prominenz einer bekannten Schauspielerin wie Hilde Sicks.
Kräftig wird die populäre Ohnsorg-Darstellerin ans Haseldorfer Herz gedrückt: „Du auch mal wieder hier? Das letzte Mal hattest du gerade den Arm gebrochen. Geht es denn wieder?“
Muß wohl. Wie immer bei Ohnsorg, wo ein gebrochener Arm kein Grund ist, abends nicht aufzutreten, und der Gründer Richard Ohnsorg einmal beim Schlaganfall einer Mitspielerin gewütet hatte: „Konnte die Frau denn nicht wenigstens bis Aktschluß warten?“
Hilde Sicks lächelt dazu. Mit Richard Ohnsorg hatte sie noch selbst auf der Bühne gestanden, gleich bei ihrem ersten Stück anno '45, „De politische Kannengeter“ nach Ludvig Holberg. Hauptdarsteller Carl Voscherau hatte sie für eine Sechs-Sätze-Rolle ins Ensemble geholt, und bei ihr hatte es gleich den großen Knack gegeben, dieses spontane Gefühl: „An diesem Theater hier, da bin ich zu Hause.“
Bald fünfzig Jahre ist das her. Keine außer Heidi Kabel ist länger dabei als Hilde Sicks. Meist war sie die Freche, auch schon

Hier an der Elbe ein Hauch von Nordfriesland.

mal die Böse, die Intrigantin zwischen Kochtopf und Kaffeewärmer, das Klatschweib aus dem Hinterhof: „Sympathieträger waren eigentlich immer andere.“ Erst im Alter hat sich das geändert.
Jetzt verströmt sie die Milde und den Witz ihrer Jahre, auf der Bühne wie privat. Und fragt sich nur ganz selten und ganz leise: Ein Leben lang immer nur Theater, keine Ehe, keine Kinder – stand es denn dafür? Auch daß sich unter ihren über zweihundert Rollen keine ihrer Lieblingsrollen befand, nicht die Franziska in „Minna von Barnhelm“, die Marie in „Was ihr wollt“, die Piperkarcka in Hauptmanns „Ratten“?
Wohl müßig, darüber nachzudenken. Auch darüber, ob sie wohl dem hochdeutschen Theater gewachsen gewesen wäre und der dortigen Konkurrenz. Lieber ein Schnäpschen hier in der Haseldorfer Marsch, die Ruhepause, den Blick hinüber zum Schloß mit der schnurgeraden Lindenallee. Und Hilde Sicks lächelt. „Wie ein Bühnenbild von Hans-Albert Dithmer.“

Mit Félicie Lavaulx-Vrécourt und Malte Marks in Worpswede
„Keine Versuchung, kitschig zu werden“

Hans-Albert Dithmer. Bis zu seinem Tod im Frühjahr ’92 der grand old man unter den Ohnsorg-Bühnenbildnern. Schöpfer von über fünfhundert Szenerien, bei denen am Premierenabend spontaner Beifall aufrauschte, und nur sehr böse Zungen zischelten, gute Freunde Dithmers hätten diesem Applaus jedes Mal ein wenig nachgeholfen.

Malte Marks, Ohnsorg-Bühnenbildner seit ’89, strichelt an einer Skizze: „Ich habe Dithmer geschätzt und von ihm gelernt, handwerklich mit dieser Puppenstuben-Ohnsorg-Bühne umzugehen. Aber sonst bin ich doch sehr anders, denke mehr dramaturgisch, weniger dekorativ.“

Er hebt den Kopf: „Und? Wohin fahren wir?“

Nach Amrum vielleicht, seiner Nordsee-Lieblingsinsel. Oder nach Schleswig, wo er vor dreißig Jahren am damaligen Nordmark Landestheater angefangen hatte.

Wir entscheiden uns schließlich für Worpswede, das Künstlerdorf im Teufelsmoor bei Bremen. Fritz Mackensen hat es entdeckt, Heinrich Vogeler dort gewirkt. Und Otto Modersohn. Und eine junge Frau, Mackensen-Schülerin, Modersohn-Gattin, kaum beachtet, früh gestorben, heute die berühmteste von allen, Paula Becker-Modersohn. „Eine starke, mutige Frau“, freut sich Kostümbildnerin Félicie Lavaulx-Vrécourt, „eine, die aus ihrer Welt auszubrechen wagte.“

Wie sie selber, die Gräfin Lavaulx Freifrau von Vrécourt. Das ist ihr voller Name und stammt aus der Zeit, da der Ahnherr mit Maria Theresias Gatten, ihrem ungetreuen Franzl, von Lothringen nach Wien gekommen war.

Arbeiten der ersten Generation in der Kunsthalle.

Adel verpflichtet. In den Augen des Vaters allerdings mehr zu einer attraktiven Heirat. Sicher nicht zu einem Beruf. Schon gar nicht am Theater. Die Tochter entschied sich dennoch für diesen Weg. Und ging ihn bis ins Ohnsorg-Theater der Konrad-Hansen-Zeit.

Dort hatte es zuvor noch nie eine ausgewiesene Kostümbildnerin gegeben und schon gar nicht eine, die frecherweise verlangte, im Programmheft und im Nachspann von Fernseh-Übertragungen genannt zu werden. Dieser Rebellin wurde erst mal so kräftig der Ohnsorg-Marsch geblasen, daß sie erschrocken flüchtete, eisern entschlossen, in die Großen Bleichen nie wieder einen Fuß zu setzen. Doch 1990 kam sie wieder. Blieb sogar. Wohl auch, weil es dort inzwischen den Bühnenbildner Malte Marks gab.

Zu dessen Welt hatte von Anfang an das Theater gehört. Beide Eltern Schauspieler, der Vater der Theaterlehrer Eduard Marks, durch dessen Schule ganze Schauspielergenerationen gegangen sind, allein vom Ohnsorg-Ensemble Hilde Sicks und Jürgen Lederer, Hanno Thurau und Wilfried Dziallas, Uta Stammer und Heidi Kabels Tochter Heidi Mahler.

Der Sohn geriet nicht in diesen Kreis. Er suchte das Echte, Ursprüngliche, die wahre Kunst. Malerei also. Oder besser noch Bildhauerei. Und auf der Akademie hatte sich ein Lehrer über die Entwürfe des Studenten gebeugt: „Ihre Familie wird einmal, fürchte ich, ganz schrecklich hungern müssen."

Also doch Theater. Die Bühnenbildnerei. Ein Weg quer durch die Theaterlandschaft, von Lübeck nach Münster, von Braunschweig nach St. Gallen. Riesenopern und Kammerspiele. Klassisches. Modernes. Am Ohnsorg-Theater reizt die Perfektion im Handwerklichen und ist zugleich die Grenze: „Über einen liebevollen Knopfloch-Realismus kommt man kaum hinaus." Und möchte doch zuweilen auch ganz anders arbeiten. Mit weiten Linien, starken Farben. Alles ganz archaisch. Wie hier das Land um Worpswede.

Ein Riesenhimmel, darunter flache Ebene, Gräben überall, Weidenbäume wie einsame Ausrufezeichen. Alles in kräftigem Braun, dunklem Grün. Abweisend eher. Fast düster.

Félicie Lavaulx-Vrécourt zieht den Mantel enger, fröstelt, sehnt

sich nach südlicher Farbenschwelgerei: „Mit dem hier kann ich nichts anfangen." Und doch hat es seit nun schon über hundert Jahren gerade Künstler hierhergezogen.
Malte Marks weiß eine Antwort: „Weil man hier gar nicht erst in Versuchung kommt, kitschig zu sein. Weil alles hier eine einzige Herausforderung ist."
Diese kahlen Bäume. Die windgepeitschten Wolken. Das Moor, allgegenwärtig die ständige Drohung. Oder wie es vom Moor im Ostfriesischen heißt: „Dem ersten der Tod. Dem zweiten die Not. Dem dritten das Brot." Worpswede verdankt dem Moor vor allem sein Brot.
Das war damals im 18. Jahrhundert, als die Kolonisten angerückt kamen, Tagelöhner, Hungerleider, Menschen ohne Bindung und Besitz. Ihnen blieb nur die Auswanderung nach Amerika. Oder Ländereien wie die hier, die ihnen ihr Landesherr überließ.
Sie machten das Moor urbar. Sie stachen Torf und brachten ihn nach Bremen. Der Erlös milderte ein wenig die Armut. Worpswede blühte auf. Das Dorf wurde zum Städtchen. Bald gab es schon einen Arzt, einen Apotheker. Und sogar eine von Pferden gezogene Omnibus-Verbindung.
Mit diesem Omnibus kam im Sommer 1884 ein Kunststudent aus Düsseldorf herangefahren. Eigentlich nur, um den Eltern seiner Angebeteten die Aufwartung zu machen. Dieser Fritz Mackensen sah sich um, war entzückt, von allem hier. Schon bei einer seiner nächsten Reisen brachte er den Kommilitonen Otto Modersohn mit.
Zwei Deutsche, ein Verein. Oder bei Künstlern eine Gruppe. Andere kamen hinzu, Hans am Ende, Fritz Overbeck. Auch solche, auf die man lieber verzichtet hätte. Bis Overbeck aus Düsseldorf schrieb: „Ich schicke euch einen, der zu euch paßt." Das war Heinrich Vogeler, das Universaltalent des Jugendstils. Früh erfolgreich und wohlhabend genug, um sich den „Barkenhof" zu leisten. Sein Denkmal bis heute. Um diese Zeit hatten die Worpsweder schon ihre ersten Ausstellungserfolge hinter sich, 1895 in Bremen und im Münchner Glaspalast.
Man kannte sie jetzt. Man nahm sie ernst. Ein frischer Wind war mit ihnen aufgekommen, ein großes „Zurück zur Natur",

wo sie rauh ist und ursprünglich. „Die Gegend wird immer großartiger“, notierte Otto Modersohn. Er und die anderen setzten sich den Jahreszeiten aus, einer Landschaft ohne Lieblichkeit, ihren Menschen, verhärmt, grobgesichtig.
Das war die Welt, die auf ihren Bildern entstand. In der Worpsweder Kunsthalle mit der Galerie Netzel sind sie zu sehen. Und wir stehen davor, Félicie Lavaulx-Vrécourt hat bald ihren Liebling ausgemacht, „Mädchen am Wiesenrand“ von Hans am Ende: „Das nehme ich mit.“
Der Besitzer Dieter Netzel tritt hinzu. Sein Großvater Friedrich hatte um die Jahrhundertwende für die Künstler die ersten Ateliers gebaut, der Vater schon eine richtige Galerie. Der Sohn trat Mitte der 50er das Erbe an, baute die Galerie zur Kunsthalle aus, zeigt dort gerade die „frühen Worpsweder“ aus seinem Privatbesitz.
Einige hat er noch persönlich gekannt. Otto Modersohn, „sehr weich, versponnen, ein Träumer“. Fritz Mackensen hatte ihn gemalt. Der war „hochmütig, eitel. Mit dem Komplex des lebenslangen Arme-Leute-Kindes.“
Mackensen und Vogeler. Der große Gegensatz. Vogeler das Glückskind, hübsch, reich, genialisch. Ihm fliegt alles zu,

Mal Idyll, mal bedrohlich: die Moore um das Künstlerstädtchen.

Kunst und Gunst, Erfolg und Geld. Der Strahlende, der Widerstände lachend beiseite schiebt. Verändert kehrt er von den Schlachtfeldern des Ersten Weltkriegs zurück. Nun Pazifist und Kommunist, der auf seinem Barkenhof das Experiment einer Kommune wagt und schließlich in die Sowjetunion auswandert.

Mackensen blieb. Der Konservative, der sich von den Nationalsozialisten als Wahrer deutscher Kunst feiern ließ, während die anderen als „entartet" abgestempelt waren. Auch Paula Becker-Modersohn.

Niemand nahm sie so ganz ernst. Auch der eigene Mann nicht. Nur Bernhard Hoetger, Bildhauer und Architekt, erspürte in der unscheinbaren Frau das Genie. Errichtete ihr nach dem frühen Tod im Kindbett das Grabmal auf dem Worpsweder Friedhof. Und in der Bremer Böttcherstraße das Paula-Becker-Modersohn-Haus.

Im Bremer Kaffeekaufmann Ludwig Roselius, dem Erfinder des koffeinfreien Kaffees, hatte Hoetger den finanzstarken Gönner. Mit seinen Mitteln schuf er in Worpswede die Museumslandschaft, die Große Kunstschau und das Museum für Frühgeschichte. Worpswedes Herz, wenn man so will.

Hoetger-Plastiken im Park. Malte Marks seufzt: „Manchmal schämt man sich ja doch, nur Bühnenbildner zu sein." Tröstend schiebt ihm die Gefährtin die Hand unter den Arm: „Schämen wir uns drinnen, bei Apfelkuchen und sehr viel Schlagobers darauf."

Den gibt es im Café Worpswede. Auch das eine Hoetger-Schöpfung. Hoch, hell. Weiße Wände, schwarzes Holz. Malte Marks sieht sich um: „Etwas wie eine Bühnendekoration."

Wie eigentlich ganz Worpswede.

Hier scheint sich zuweilen die Wirklichkeit vor soviel Ansturm von Kunst irgendwohin verkrochen zu haben. Ins Museum vielleicht, wo man die alten Torfschiffe noch sehen kann und die Gerätschaften der Menschen, die hier einmal vom Moor leben mußten. Und wo man am ehesten noch ahnt, was für ein brutal hartes, armes Leben das hier im Teufelsmoor einmal gewesen sein muß.

Ein Leben, das sich in seiner Armut und Kargheit auf den Bildern wiederfindet. Worpswede selbst aber scheint sich längst von seinen Wurzeln gelöst zu haben, ohne neue auswerfen zu können, ein luftiges Raumschiff etwas oberhalb der Realität, angesiedelt in einem Niemandsland, das allerdings seine Anziehungskraft auf immer neue Künstlergenerationen nie verlor. Bei welcher halten wir inzwischen? Der nun schon vierten, fünften?

Manche sind nur neun Monate hier, mit einem Stipendium im Atelierhaus Worpswede. Andere bleiben länger. Friedrich Meckseper zum Beispiel, den immer die Angst trieb, am Teufelsmoor für alle Zeiten festzukleben. Der immer wieder ausbrechen wollte und dann doch fast dreißig Jahre blieb.

Worpswede ist wohl mehr als nur ein Ort. Auch ein Mythos, ein Magnet. Immer noch und trotz aller Umschichtungen und Wandlungen. Netzel: „Früher war das hier bis zu einem gewissen Grad wirklich noch eine Gemeinschaft, fast eine Familie. Heute kennt man sich kaum noch.“

Der Mythos überdauerte auch das.

Der Apfelkuchen ist ausgezeichnet. Malte Marks verteilt sorgsam die Schlagsahne, legt die hohe Stirn in Furchen: „Wie das eben so ist. Da hat man ein Idyll, das wird zur Institution. Das Idyllische verfliegt, aber man spielt es sich und anderen immer noch vor.“

Offen bleibt, ob er damit nur Worpswede meint.

Mit Ursula Hinrichs in Oldenburg
„Und drumherum das ganze weite Norddeutschland“

Worpswede ist auch dort, wo man es nicht vermutet. Zum Beispiel in dem kleinen Sommerhaus bei Oldenburg, wohin wir mit Ursula Hinrichs gefahren sind.
Draußen Apfelbäume, nicht weit fließt die Hunte vorüber. Drinnen stehen wir vor Otto Modersohns „Birken am Fluß“, seiner „Moorfrau“. Drucke nur, doch schön gerahmt. Und ein originaler Vogeler müßte eigentlich auch dabei sein. Aber er wurde in Sicherheit gebracht, denn „leider wird hier ziemlich viel eingebrochen“.
Ursula Hinrichs rückt Bücher gerade. Romane von August Hinrichs, längst vergessen. Anders als seine immer noch gespielten Stücke: „Seltsam eigentlich und ein bißchen traurig, daß ich am Ohnsorg-Theater noch nie eine Hinrichs-Rolle gespielt habe.“ Wo sie doch Frau eines seiner leiblichen Enkel war.
Hier draußen hatte der Oldenburger Komödiendichter sein Refugium. Der „schreibende Tischler“, wie ihn manche nannten, kleine Geringschätzung im Unterton. Natürlich nicht in Oldenburg. Dort war er Ehrenbürger, ein großer Sohn der Stadt, fast wie der Philosoph Carl Jaspers oder der Theologe Rudolf Bultmann, die beide in Oldenburg zur Schule gingen. Und wenigstens so berühmt wie der Buchhändler Schwartz vom Schloßplatz 22, der anno 1870 die Ansichtskarte erfand. Und selbstverständlich hat August Hinrichs sein Denkmal bekommen, einen krähenden Hahn in Anspielung auf sein berühmtestes Stück, „Wenn de Hahn kreiht“.
Schließlich: Wie anders als nach ihm hätte Oldenburgs niederdeutsche Bühne genannt werden können?

Die August-Hinrichs-Bühne mit ihrer Spielstätte im großherzoglichen Schloß. Ursula Hinrichs geht die Marmortreppe hinauf, in den kleinen Festsaal des ersten Stocks über dem Landesmuseum im Parterre. Kronleuchter an der Decke, an den Wänden bunt-barocke Gemälde, doch hinter der Bühne Computer und automatisch gezogener Vorhang, im Parkett moderne Bestuhlung, 240 Plätze, „fast soviel wie im Ohnsorg-Theater".
Hier hat Ursula Hinrichs mit neunzehn angefangen. Hat alles gespielt, was nur in Frage kam. War eine von denen, derentwegen die Oldenburger ins Theater gingen: „Auch wenn es albern klingt: Ich war so was wie die Oldenburger Heidi Kabel."
Die andere, die originale Heidi Kabel hatte gerade ihr Theater im Zorn verlassen, als Ursula Hinrichs in der Ära Siegmund, noch von Hans Mahler verpflichtet, ans Ohnsorg-Theater wechselte. Kein leichter Start, die Gerüchteküche kochte: Ob denn wohl der neue Stern aus Oldenburg Nachfolgerin von Heidi Kabel werden sollte?
Doch Kabel blieb Kabel. Und die Hinrichs die Hinrichs.
Direkter in ihren Wirkungen. Manchmal übersprudelnd. Eine prächtige Stadtstreicherin in Wittlingers „Pension Sünnschien". Die Kiosk-Lady, die ihren Hund verteidigt, in „Een

Theater überall: das Kohlfeld wird zur Bühne.

Oscar för Oskar“ nach Bruno Franks „Sturm im Wasserglas“. Und bös versponnen in „Arsen un ole Spitzen“.
Nie wieder hat sie aber im heimatlichen Oldenburg gespielt: „Jeder hält sich für unersetzlich. Aber ersetzbar sind schließlich alle.“ Kräftig schreitet sie aus. Eine hochgewachsene Frau mit rotgoldenem Haarbusch, der unter keine Perücke paßt. Das Gesicht sehr hell und breitflächig. Sehr oldenburgisch.
Wie sie sehen viele aus in dieser Stadt, die schon ein wenig Grenzstadt ist mit merklich niederländischem Einfluß. Das Zentrum für eine Region mit über zwei Millionen Einwohnern, Universitätsstadt sei 1974, Garnisonstadt mit der größten deutschen Garnison, Beamtenstadt.
„Aber so gar nicht schläfrig“, wie sogleich Ursula Hinrichs lokalpatriotisch beteuert.
Auch heute nicht beim Weg vom Schloß hinüber zur Lamberti-Kirche, einem der wenigen deutschen Rundbauten nach dem Muster des römischen Pantheon. Musik in den Straßen, ein Fest wird gefeiert, „Weltkindertag“, erfahren wir. Und Fußball-Fans mischen sich darunter, singen, winken. Ursula Hinrichs winkt zurück. Obwohl „ich eigentlich mehr für Werder Bremen bin“. Und es im übrigen mehr mit aktivem Sport hält als mit der Begeisterung auf der Tribüne oder daheim vor dem Bildschirm.
Im Tischtennis hatte sie es zum Beispiel bis zur Oldenburger Jugendlandesmeisterin gebracht. Das ist zwar eine Weile her. Aber fit ist sie noch immer, hatte in Ingo Sax' „OMMLETT“ allabendlich einen Spagat auf die Bretter gelegt und einmal, als es ihr nicht ganz gelang, rasch improvisiert: „Na ja, bin ja auch nicht mehr die Jüngste.“ Darauf tröstend aus der dritten Reihe: „War dafür aber noch ganz ordentlich, Frau Hinrichs.“
Wir lachen. Stehen vor dem Denkmal des Herzogs Peter Friedrich Ludwig. Der hat eigentlich erst das heutige Oldenburg geschaffen. Im frühen 19. Jahrhundert, als die ehemalige Grafschaft aus den napoleonischen Wirren als frischgebackenes Herzogtum hervorgegangen war.
Mit Friedrich Peter Ludwig zog neuer Glanz in die alten Mauern ein. Das Schloß wurde erweitert. Eine Bibliothek entstand, aus der später ein gewisser Kurt Marek/C. W. Ceram das Material zu

seinem Weltbestseller „Götter, Gräber und Gelehrte" schöpfen sollte. Und der frische Geist griff über auf die ganze Stadt.
Die einstigen Festungsanlagen wurden baumbestandene Promenaden. Durch die bis dahin eher düster-hausbackene Hunte-Residenz wehte fast Pariser Luft. Und ein Staatstheater hatte Oldenburg nun auch.
1894 wurde der heutige Bau eingeweiht. Drei Jahre zuvor war sein Vorläufer niedergebrannt. Nicht die einzige schlimme Feuersbrunst in der Oldenburger Geschichte: Schon 1776 war die Stadt fast völlig zerstört worden. Doch in der Regel hat sie quer durch die Geschichte sehr viel Glück gehabt.
Als es ihrem Grafen Anton Günther gelang, sein Ländchen aus dem 30jährigen Krieg herauszuhalten. Als Oldenburg die Bomben des Zweiten Weltkriegs erspart blieben und gleich auch noch der überhastete Wiederaufbau danach. Das Oldenburg von heute, es ist kein norddeutsches Disneyland mit dem Puppenstuben-Charme von Celle oder Wolfenbüttel. Und doch vermittelt es den Eindruck einer alten Stadt. Mit jenem Charme alter Städte, den eine junge Generation gerade wieder zu genießen und zu nutzen weiß.
Wir biegen in die sanft abschüssige Bergstraße ein, die älteste

Oldenburgs Schloß hinter schrill bemaltem Bauzaun.

der Stadt, wo die alternative Szene deutlich hingelangt hat. Mit viel Kunsthandel und Kunsthandwerk, hinter lila, gelb und hellblau gestrichenen Fassaden. Bunt wirkt das und lustig, eine Szenerie für junge Menschen. Und hier treffen wir Meta, jüngstes der vier Hinrichs-Kinder. Sie könnte auch in Hamburg sein. Aber sie lebt hier, studiert, fühlt sich wohl, eine junge Oldenburgerin. Wie es einmal die Mutter war.

Die hat noch ein Haus hier. Aber sie selbst hat sich in Buchholz angesiedelt, am Rand der Nordheide. Das hat ihr die Beinamen eingebracht. Die Duse aus der Nordheide. Die Göttliche von Buchholz.

Sie lacht dazu. Ihr ansteckend kräftiges Lachen, das Versteck sein mag für manches andere. Denn nicht nur Heidi Kabel hatte ihre Lebenserinnerungen mit „Manchmal war es nicht zum Lachen“ überschreiben können. Das würde auch zur Hinrichs-Biographie passen. Bis hin zum plötzlichen Tod ihres Mannes während eines Urlaubs in Dänemark.

Das hat sie bis heute nicht so gänzlich überwunden. Und spricht nur selten davon. Eher schon von ihren Rollen, die sie gern frei wissen möchte von allen konventionellen Volkstheater-Klischees: „Dort sind ja Frauen über vierzig böse Schwiegermütter oder drollige Scharteken.“ Oder von ihrer Regie-Arbeit beim Funk und nun schon zweimal am Ohnsorg-Theater. Sie hat ihre Liebe zu Hamburg entdeckt, ohne in Hamburg leben zu wollen. Wie sie an ihrer Oldenburger Heimat hängt. Schon, weil dort „das beste, das reinste Platt“ gesprochen wird. Auf diesem Standpunkt beharrt sie. Auch wenn sie damit schon manchen gestandenen Ohnsorg-Mann zur milden Weißglut trieb.

Doch weiterhin besteht sie darauf. Denn: „Ist doch klar. Oldenburg ist keine Weltstadt mit all den fremden Einflüssen. Oldenburg ist Oldenburg und drumherum nichts als das ganze weite Norddeutschland. Das hält die Sprache rein.“

Mit Manfred Hinrichs-Bettinger in Ostfriesland
„Ich besuche Mutter, nicht meine Heimat“

Wer das einzig richtige Platt spricht und was das einzig wahre Platt ist, gehört zu den Ohnsorg-Zwistigkeiten fast von Anfang an, und Ursula Hinrichs überläuft noch immer Zornesröte, wenn sie an Günther Siegmunds Mahnung denkt, endlich gutes Platt zu lernen.
Manfred Hinrichs-Bettinger, Fast-Namensvetter und Fast-Landsmann, nimmt so was gelassener.
Er wuchs plattdeutsch auf. Im Ostfriesen-Platt. Was er am Bremer Ernst-Waldau-Theater ins Bremische umfärben mußte. Und als ihn Konrad Hansen 1982 an die Großen Bleichen holte, war gleich die nächste Umschulung fällig.
Welches Platt er heute spricht? „Ohnsorg-Platt.“
Ein Lächeln, etwas schief, ein wenig hinterfotzig mit einem Rest schicksalsergebener Resignation darin. So ostfriesisch wie der Tee, den wir trinken, sehr stark, mit Sahne natürlich und „Kluntjes“, dem Kandiszucker, jeder drei Tassen wenigstens. Denn: „Dree is Recht von de Ostfreesen.“
Der wahrscheinlich meistunterschätzte deutsche Menschenschlag gleich nach den Sachsen. Nur über sie wird noch mehr gelacht. Nur sie lachen noch mehr über sich. Und über die anderen. Weil die über sie lachen: „Kennen Sie schon den neusten Ostfriesen-Witz? – Ich *bin* Ostfriese. – Macht nichts. Ich erzähle ihn ganz langsam.“
Dazu kann der Ostfriese nur grinsen. Und Tee trinken. Wie nun wir in der Stadtschkür von Esens.
Die liegt gleich hinter dem Rathaus und war eigentlich ein Scheunenbau, wo an Markttagen das Vieh untergestellt wurde.

Nun ist der Heuboden mit altem Spielzeug vollgepfropft. Schaukelpferde grinsen, Puppenaugen starren, ein Kinderwagen schwebt in luftiger Höhe. Denn die Scheune ist Antiquitätendiele mit Teestube geworden. Mit ächzenden Plüschsofas, vielen kalorientriefenden Torten am Büffet und Stövchen auf den spitzengedeckten Tischen.
Five o'clock in Esens, der kleinsten der neun ostfriesischen Städte. Die größte ist Emden, Heimat vom ostfriesischen Götterboten Otto Waalkes und der silberhaarigen „stern"-Legende Henri Nannen. Und dieses Emden war einmal, im 16. Jahrhundert, Nordeuropas größter Handelsplatz. Viel wichtiger noch als Hamburg.
Die Geschichte fegte darüber hinweg. Nie war sie mit den Zeugnissen ostfriesischer Vergangenheit zimperlich. Kirchen und Klöster dienten als Steinbrüche. Die alten Häuptlingsburgen fielen den Preußen des großen Friedrich zum Opfer. Es blieb das flache Land mit seinen „Tiefs" und Sielen, den Abflüssen zum Meer hin. Mit den gefürchteten Mooren, wo in den KZ-Höllen der Nazis das Lied von den „Moorsoldaten" entstanden war. Mit den windgeduckten Bäumen, deren Kronen nie über die Höhe des Deichs hinaussprießen.
Es blieb der Deich selbst. Der erdene Gürtel, 365 Kilometer an der Ostfriesenküste entlang. Er ist Ostfrieslands eigentliches Wahrzeichen. Denkmal seiner Menschen, deren Schicksal und Seelen von diesem Deich geprägt worden sind. Und von dem Gedanken an den einzigen wahren, einzig ernstzunehmenden Feind des Friesen, das Meer.
Die einzige Waffe gegen ihn ist das Deichen. „Wer nicht will deichen, muß weichen." Das galt tausend Jahre in Nordfriesland. Das gilt hier ebenso.
Doch während die Brüder im Norden darüber nie zu einer staatspolitischen Gemeinschaft zusammenwuchsen, sondern immer williges Manipulationsobjekt für die gerade Mächtigen waren, regten sich in Ostfriesland wenigstens Ansätze eines demokratisch freiheitlichen Selbstbewußtseins.
Sie sollten sich nie ganz verlieren. Bis ins Dritte Reich hinein, als ausgerechnet hier, auf diesem erzkonservativen Boden, den neuen braunen Machthabern Widerstand entgegengesetzt wur-

de, nicht sehr lange und nicht sehr effektiv, doch immerhin heftiger als in jeder anderen deutschen Region. Worin man ein wenig das Erbe der alten Friesenhäuptlinge sehen mag, die sich einst mit ähnlicher Vehemenz gegen jeden Zugriff von außen wehrten. Zur Not mit Mord und Brand.
Wie jener, dessen Standbild auf dem Balthasar-Brunnen vor der Esenser Kurverwaltung steht. Ein eigentlich übler Bursche, dieser Junker Balthasar aus dem 16. Jahrhundert. Ein Berserker im Kampf gegen die ostfriesischen Grafen, die Stadt und Umland als Lehen beanspruchten. Er scheute kein Gemetzel, keine Brandschatzung. Also ein Verbrecher nach heutigem Begriff. Aber Esens verehrt ihn als Helden. Und einmal im Jahr fließt Freibier aus dem Balthasar-Brunnen.
Warum soviel Ehre für einen Schlagetot? Hat Esens keinen anderen großen Sohn? Den Musiker Theodor Thomas etwa, nach dem in Amerika ein Berg benannt ist? Oder den Apotheker Heinrich Friedrich Georg Mein, der hier 1831 immerhin das Atropin entdeckte? Warum gerade Balthasar?

Weiter Himmel und die Ahnung vom Meer: Ostfrieslands Küste.

Vielleicht spiegelt sich in seinem grimmen Bild am ehesten der jahrhundertelange Überlebenskampf eines Menschenschlags. Im Mittelalter wie in den 50ern unseres Jahrhunderts, als die Ostfriesen in den Zeitungen lesen durften, daß es in Deutschland gerade so was wie ein „Wirtschaftswunder" gab. Sie selber merkten nichts davon.

Aber sie ließen sich etwas einfallen. Denn nur in Witzen sind sie dumm: „Für diese Witze sind wir dankbar. Denn sie sind die beste Reklame." So schon vor zwanzig Jahren eine Tourismus-Managerin, als gerade „Ferien auf dem Bauernhof" in Mode kamen. Wozu die tüchtige Ostfriesendame nur lachen konnte: „Das haben wir bei uns doch schon längst eingeführt." Der Fremdenverkehr ist Ostfrieslands neuer Überlebensquell geworden.

Was nun die Menschen hierherzieht? Auf die sieben ostfriesischen Inseln oder in die Badeorte an der Küste?

Sicher kein Luxustreiben. Kein mondäner Touch wie in Westerland oder Travemünde. Ein Fremdenführer verrät es mit ostfriesischer Prägnanz: „Ein wichtiger Grund, warum sich so viele Feriengäste für einen Aufenthalt ... entscheiden, ist sicherlich die Nordsee."

Man kann es nicht genauer sagen. Allerdings, auch die Nordsee kann scheußlich sein. Doch davon läßt sich der richtige Ostfriesland-Urlauber nicht beirren. Er wirft sich in Anorak oder Friesennerz, stürmt die Städte und dort die Geschäfte, die Cafés. Wie zum Beispiel heute. Kein Tag für sonnenhelle Badefreuden am Strand. Dafür drängt es sich in Esens. Manfred Hinrichs-Bettinger sieht sich um: „In meiner Kindheit kamen gerade ein paar hierher, keine zweitausend noch 1960. Nun haben wir jährlich fast achthunderttausend Übernachtungen, und alles wimmelt nur so von Fremden!" Wobei er sich fast selbst wie ein Fremder durch seine angestammte Heimat bewegt.

Hier in Esens ging er zur Schule. In Updorf, keine sechs Kilometer weit, wuchs er auf. Eine Kindheit auf dem Lande mit einem Bauernhof in nächster Nachbarschaft. Der war sein Spielplatz. Jetzt ist dort ein Bus-Unternehmen untergebracht. Das Geburtshaus wurde längst abgerissen. Nur der alte Birnbaum steht noch dort.

Von seinen Früchten hatte die Mutter den Kompott gekocht, der über die „Hüdels“ gegossen wurde, ostfriesische Serviettenknödel und Manfred Hinrichs-Bettingers Leibessen. Das muß ihm seine Mutter bei jedem Besuch kochen.
Er besucht sie häufig. Doch: „Ich bin dann bei meiner Mutter. Ich fahre nicht in meine Heimat.“
Auf sie sieht er inzwischen mit dem gleichen verwunderten Knabenblick wie in Fitzgerald Kusz' bitterböser Konfirmationskomödie „Swieg still, Jung“, seine erste Ohnsorg-Rolle überhaupt. Wenn er aber daheim ins altvertraute Platt verfallen will, hat er manchmal Mühe, in das Idiom seiner Kindheit zurückzufinden.
Weil er eben „Ohnsorg-Platt“ spricht. Und darin auch schreibt. Übersetzungen, Überarbeitungen. An den Großen Bleichen wird bald seine niederdeutsche Version vom „Raub der Sabinerinnen“ gespielt. Aber auch schon eigene Stücke liegen vor, ein Krimi und die sozialkritische Komödie „Lütte Lüüd un groot Halunken“, Co-Autor: Ohnsorg-Oberspielleiter Wilfried Dziallas.
Will aber Dziallas zu seinem Ursprung zurückkehren, hat er es leichter als sein Schreibkompagnon und häufiger Regieassistent Bettinger. Vor allem hat er es näher. Denn er ist dort zu Hause. Schon wieder oder immer noch.

Mit Wilfried Dziallas in Wandsbek
„Das hier war meine erste Bühne“

Wandsbek. Eigentlich eine Stadt für sich. Erst sei 1937 Hamburg-Wandsbek. Mit über vierhunderttausend Einwohnern größer als Lübeck oder Braunschweig. Also eine eigene Großstadt. Allerdings: kein Ausflugsziel, das Herzen höher schlagen läßt.

Doch wie sagt der weise Indianer? „Für andere eine Wüste. Für mich die Heimat.“ Wilfried Dziallas zitiert das, als wir durch seine Heimat Wandsbek fahren.

Nicht, daß sie eine Wüste wäre. Nicht einmal eine Steinwüste. Bäume in den Straßen, Gärten vor schmucken Eigenheimen, alles sehr aufgeräumt, kleinbürgerlich. Dziallas beugt sich vor: „Dort hat mein Vater gelebt.“ Und dort im Mietshaus die Mutter. Die hatte vom Balkon mit einem roten Tuch gewinkt, wenn es für die zwei Söhne Zeit zum Essen war, und das war in den 50er Jahren gewesen.

Die Eltern hatten sich getrennt. Schneider alle beide. Die Mutter hatte für die britischen Besatzer gearbeitet, hatte Herrlichkeiten wie Nestlé-Kakao und Cadbury-Schokolade mitgebracht. Wonnen der 50er. Wie die ersten Comics. Mickey Mouse und Phantom und Prinz Eisenherz.

Die hatte der Sohn verschlungen wie alle Kinder dieser Jahre. Und sie der Mutter vorgelesen, wenn sie nachts noch über die Nähmaschine gebeugt saß. Mit vertauschten Rollen und wechselnden Stimmen: „Das war meine allererste Theateraufführung.“ Und dann war noch etwas ganz Neues aufgekommen. Das nannte man andächtig den „Zauberspiegel“ und war das junge Fernsehen.

Im Haus Dziallas war kein Geld für ein eigenes Gerät. Aber so am Sonntag ging es zu Nachbarn hinüber, mit etwas Gebäck und einer Flasche Wein, und zu zehnt saß man im Wohnzimmer „wie heute in den Schuhschachtel-Kinos". Auf dem Bildschirm aber, schön grau in grau, lief das Ohnsorg-Theater. Mit Walter Scherau und Heini Kaufeld und Erna Raupach-Petersen: „Die haben wir nicht nur gemocht und über sie gelacht. Die haben wir damals richtig geliebt."
Jahre des Wiederaufbaus. In jeder Hinsicht. Auch im schwer kriegsbeschädigten Wandsbek. Wohnraum mußte her, er vor allem. Neue Straßen. Bald auch schon immer mehr Parkplätze. Eine stramm geradeaus planende Vernunft wütete, über deren Auswüchse man schon eine Generation später die Hände zusammenschlagen sollte. Über den blinden Umgang mit der eigenen städtebaulichen Vergangenheit und ihren architektonischen Zeugnissen.
Wandsbek hatte besonders schlechte Karten. Es war kein erhaltenswertes Juwel wie Blankenese. Es hatte nicht das Glück, neu entdeckt zu werden wie Eppendorf. Wandsbek blieb Wandsbek. Das Kleinbürgerviertel, mit leicht proletarischem

„Auf diesen Gleisen haben wir nach dem Krieg Kohlen geklaut."

Einschlag. Ohne Historie, die hätte bewahrt werden müssen. Hier gibt es zwar die Schloßstraße, aber kein Schloß. Das ist längst abgerissen.
Damals, als in Wandsbek der Grundstücksspekulant Johann Carstenn hauste. 1860 hatte sich ihm eigentlich eine frühe Bürgerinitiative entgegengestellt und wenigstens das Wandsbeker Gehölz vor seiner Parzellierungswut gerettet. Für das Schloß war es zu spät. Carstenn ließ die Spitzhacken schwingen. 1861 war das Schloß verschwunden. Fast genau hundert Jahre nachdem es an der Stelle der alten Wandsburg aus dem 16. Jahrhundert erbaut worden war.
Sein Erbauer hieß Freiherr Heinrich Carl Schimmelmann. Ein Geldmensch ganz großen Stils. Ein Finanzier von Königen. Und im Schatten Schimmelmannschen Glanzes wandelte ein feinsinniger älterer Herr einher und begehrte, an allem Übel dieser Welt, an Kriegen zumal, „nicht schuld daran zu sein“. Matthias Claudius. Der Wandsbeker Bote. Einer der allzu Stillen im Lande. Ein demonstrativ Unpolitischer, der durchs Wandsbeker Gehölz spazierte, sich am Nachtigallenschlag erfreute und erschrocken zusammenzuckte, wenn die Pistolenschüsse von Duellanten durch die Bäume krachten. Und zugleich einer, der ein einziges Gedicht lang zu den ganz Großen der Weltliteratur aufstieg. Mit seinem „Der Mond ist aufgegangen“. Sicher eines der schönsten Gedichte überhaupt, nur noch mit Goethes „Über allen Gipfeln“ und Storms „Meeresstrand“ zu vergleichen.
Allerdings entstand es nicht in Wandsbek, sondern, vermutlich, weiter nördlich im Schloß Emkendorf. Dennoch denkt an Claudius und sein Meisterwerk jeder, der den Namen „Wandsbek“ hört.
Daß aber dieses Wandsbek vor Hamburgs Toren nicht im dörflichen Schlaf versank und irgendwann klanglos von der wachsenden Großstadt aufgesogen wurde, verdankt es wiederum nicht seinem dichtenden Boten, sondern dem tüchtigen Herrn Schimmelmann.
Der baute Fabriken und schaffte Industrie heran. Wandsbek wurde ein Industrieviertel mit Proletariat und Lumpenproletariat. Hier fanden sich Chemiebetriebe, eine Hefefabrik, eine

andere für Schokolade. Und Wilfried Dziallas erinnert sich an einen Honighersteller: „Wir Jungs haben die Wandse heimlich abgesperrt. Dann lief der ganze Fabrikhof voll Wasser.“
Auch jetzt stehen wir an diesem Flüßchen, das sich quer durch Wandsbek zieht, und Dziallas sucht nach den Plätzen jener Jungenjahre.
Hier muß es gewesen sein. Die Bäume waren gerade erst gepflanzt worden und alle noch ganz niedrig. Aber der Abhang an der anderen Seite der Wandse ist noch derselbe, über den die Kinder im Winter auf ihren Schlitten hinunter bis auf den vereisten Fluß gerodelt waren.
Dziallas bleibt stehen. Er hat die Wiese von damals entdeckt: „Das hier war sozusagen meine erste Bühne.“ Hier hatte er mit allen Freunden „Max und Moritz“ inszeniert. Nicht selbst mitgespielt, nein, Regie geführt, „das war eigentlich viel schöner“. Und sehr erfolgreich. Alle Eltern und Nachbarn kamen herbeigeströmt, die Wunder-Aufführung zu sehen. Zur eilends angesetzten zweiten Aufführung kam dann keiner mehr, „meine erste schlimme Theatererfahrung“. Aber: „Von da an hat mich Theater immer wieder eingeholt.“

Wandsbek: Großstadt in der Großstadt mit vielen grünen Lungen.

Schon als er vor der drohenden Einberufung zur Bundeswehr für zehn Jahre in die USA geflohen war. Dort hatte er zunächst Volkswirtschaft studiert, dann aber doch Regie gelernt, wie man das nur in den Staaten kann. Und vom amerikanischen Theatererlebnis haften bis heute „Disziplin, Kollegialität und ein absoluter Qualitätsanspruch".
Nach Deutschland zurückgekehrt und bei Eduard Marks zum Schauspieler ausgebildet, hatte er dann den 4000-Mark-Job in einer Hamburger Exportfirma einem 300-Mark-Engagement in Heidelberg vorgezogen. Bis er den Sprung wagte, gleich eine eigene Theatergruppe gründete, und das war „Die Maske" mit Christian Seeler.
Das Abenteuer mündete im 100000-Mark-Fiasko. Seeler wechselte zum Ohnsorg-Theater. Dziallas verdiente sich sein Geld zunächst in der Berufsberatung. Bis ihn der Ex-Kompagnon dem Intendanten Konrad Hansen für eine „Kramer Kray"-Inszenierung empfahl. Da hatte ihn im Konversationszimmer Hansen mit den Worten vorgestellt: „Das ist unser neuer Regisseur." Darauf Fritz Hollenbeck: „Kann der das denn?" Dziallas konnte es.
So gut, daß ihn 1988 Walter Ruppel zum Nachfolger Jochen Schencks als Oberspielleiter berief. Ein Realist und Pedant im Detail. Abhold allen konventionellen Schwankspielweisen. Das hat seinen Inszenierungen nicht nur Freunde gebracht, oft schon auf den Proben nicht, machte aber Plüschigkeiten wie „Een Mann mit Charakter" oder „De Kortenleggersch" wieder spielbar. Und Boßdorfs Hallig-Klassiker vom „roden Ünnerrock" geriet gar zur kleinen Sternstunde mit unverhofften Tschechow-Qualitäten.
Dziallas stützt sich schwer auf das Geländer einer kleinen Brücke. Grünes Idyll um uns herum, nur wenige Meter weiter im dumpf brodelnden Lärm die Großstadt Wandsbek. Eine Insel nahezu. Fast wie das Ohnsorg-Theater.
Aber das hört sein Oberspielleiter nicht so gern. Fast so ungern wie das Wort vom Biotop: „Ein Biotop steht still. Aber Theater braucht Bewegung. Ein Kommen und ein Gehen."
Dziallas geht erst mal. Von der Spielzeit 93/94 an ist er nicht mehr Ohnsorg-Oberspielleiter.

Mit Ingo Sax im Seeve-Tal
„Wo ich bin, muß Wasser fließen“

An der Wandse wuchs auch Ingo Sax auf, der Barmbeker Hafenarbeitersohn, niederdeutsche Dramatiker und Fritz-Reuter-Preisträger 1992.
Hier, wo wir Wilfried Dziallas' Kindheitsareal durchstreifen und dabei an einem Hundedressurplatz vorüberkommen. Schäferhunde springen über Barrieren, ein Rottweiler verbeißt sich im bandagierten Arm seines Besitzers. Noch lange kläfft es uns hinterher.
Die Hunde, denen wir eine Woche später in Gesellschaft von Ingo Sax begegnen, sind stiller. Sie heißen Jupp oder Mohrchen oder Eddimaus, auf manchem Grabstein steht gemeißelt „Du warst mein ganzes Glück“, mit einem Kreuz darüber.
Tierliebe und wie man sie übertreiben kann. Wie hier auf dem Hundefriedhof im Seeve-Tal. Und werden die vierbeinigen Lieblinge zur Ruhe gebettet, oft genug im rotseiden ausgeschlagenen Eichensarg, erklingt Händels Largo, Geigen schluchzen und die im tiefen Schwarz angetretenen Trauergäste auch.
Ingo Sax schenkt sich ein Lachen. Das Leben hat viele Farben, der Tod auch. Gerade er, Jahrgang 1940, hat das von früh an erfahren. In den Bombennächten von Hamburg und Dresden. Bei der Evakuierung nach Schlesien und auf der Flucht zurück. Er hatte Greueltaten sowohl deutscher wie russischer Soldateska gesehen. Hatte erfahren, hautnah, was der Mensch dem Menschen antun kann.
Ein schweres Trauma blieb.
Ingo Sax wuchs als Stotterer auf, kaum artikulationsfähig bis zum dreißigsten Lebensjahr. Die Phantasie wurde seine Flucht-

burg. Bis sich endlich ein fähiger Psychiater fand. Der entschied: „Du hast kein Ich, sondern viele Ichs, die sich gegenseitig im Weg stehen."

Die Therapie hieß Schreiben. Nichts Episches. Dramatisches. Um all die Ichs zu kanalisieren, jedem seine Rolle zuzuweisen. Lehrmeister, gegen hartes Honorar, wurde ein niederländischer Bühnenautor. Mit ihm kam es später zum Prozeß, weil er die Tantiemen von Ingo Sax' erstem Bühnenstück einforderte. Das war „Blifft allns in de Familie", 1985 am Ohnsorg-Theater uraufgeführt.

Das erste Stück und ein erster Erfolg. Aber nicht er zählt. Das Schreiben selbst ist das Überlebensmittel. Weshalb Sax nicht mit dem Computer arbeitet, sondern das Klappern seiner Schreibmaschine hören muß. Nicht zur Freude der Mitmieter, als er noch in Altona auf der Etage lebte.

Da war er schließlich ins Seeve-Tal geflüchtet. Zwischen südlicher Elbmarsch und Nordheide. Hier stört er keinen. Nicht die Nachbarn und auch nicht die auf dem Golfplatz neben seinem Grundstück. Für die ist das Tal der Seeve ein Ideal-Terrain. Wie für Glücksspieler, die wiederum ihr Dorado in der Hittfelder Spielbank finden. Doch nicht nur Golf und Baccarat bringen Unruhe ins Seeve-Tal.

Hamburg, der raumzehrende Moloch, liegt allzu nahe. Der Sog wird immer stärker. Und immer mehr könnten sich hier niederlassen, das Tal wie zuvor den Rosengarten zum Hamburger Vorort machen, die Großstadt im kleinen. Doch noch weht es hier ländlich-geruhsam.

Weites Feld bis zum Waldrand. Wiesen, darauf schwarzgeschecktes Vieh. 277 landwirtschaftliche Betriebe gibt es hier und können offenbar bestehen. Und im Garten von Ingo Sax drehen sich buntpapierene Windmühlen. Sie sollen das Wild abhalten.

Damwild. Rehe. Viel Niederwild natürlich. Das alles gibt es hier. Und dann noch Exoten wie Alpakas und highland cattle und schrill kreischende Pfauen. Die allerdings auf einem sogenannten Bioland-Hof, wo sie gezüchtet werden, die Alpakas ihrer Wolle, das schottische Vieh seines Fleisches wegen, und die Pfauen „sollen wie bester Truthahn schmecken".

Ingo Sax schnalzt mit der Zunge. Er selbst zieht Forellen vor. Die könnten fürs Seeve-Tal das Wappentier sein. Und am besten sind sie in der Horster Alten Mühle.
Das ist wirklich noch eine Wassermühle. Mit Rad und Fachwerk, alles sorgsam restauriert, Romantik zum Anfassen. Und im Innern werden die Feste des Seeve-Tals gefeiert. Schützenfest, Feuerwehrball, Ingo Sax ist dabei: „Hier lebt man noch in einer richtigen Gemeinschaft."
Und man ist per Du, man hilft sich, hält zusammen. Auch wenn die meisten nicht mehr hier, sondern in Hamburg ihr Auskommen finden und ihrerseits die Hamburger zur warmen Jahreszeit in kleinen Heerscharen über das stille Seeve-Tal hereinbrechen.
Sie wandern über die sechzig Kilometer langen Wege, „von Kneipe zu Kneipe, wer will". Oder fahren Rad, das beliebteste Fortbewegungsmittel hier. Kommen bis in die Nordheide, bis Kleckerwald zum Beispiel, wo ein Hünengrab erhalten blieb, eines der wenigen, dessen Steine noch nicht die Heidebauern

Noch Landidyll mit Heu und Milchkannen: das Seeve-Tal.

weggeschafft hatten. Oder nach Ramelsloh. Dort hatte achthundert Jahre zuvor beim Kampf um die Grafschaft Stade der junge Heinrich der Löwe eine allererste Probe seiner Machtpolitik gegeben. Heute vielleicht noch wichtiger: Hier gibt es den besten Bäcker weit und breit.
Erinnerungen beim Ortsschild Bendestorf: Das war nach dem Krieg das Filmstädtchen, wo die nackte „Sünderin" Hildegard Knef baden ging und später auch der Bendestorfer Produzent. Inzwischen regt sich neues Leben in den Atelier-Ruinen, und Bendestorf könnte wieder lohnendes Ausflugsziel für alle Film-Freaks werden, die zwischen Heide-Duft ein Lüftchen Hollywood schnuppern möchten.
Wem das alles aber im Auto zu flüchtig und zu Fuß zu mühsam ist, kann immer noch im Kanu die Seeve hinunterpaddeln, bis nach Harburg hinunter.
Kanus kann man mieten. Ingo Sax besitzt ein eigenes. Und beugt sich an der Wassermühle über das Wehr, sieht in die sich gelblich auftürmenden Schaumberge hinunter: „Wo ich bin, muß Wasser fließen. Das ist der Zigeuner in mir."
Er sagt „Zigeuner". Nicht Sinti oder Roma. So wie sich schon der Großvater, ein Wanderschlachter, in stolzem Selbstbewußtsein „Zigeuner" nannte. Und Sax hat ein Stück über Zigeuner im Nachkriegsdeutschland geschrieben, „Güstern eerst und morgen wedder".
Das wurde nicht am Ohnsorg-Theater aufgeführt. Sax nimmt es hin: „Es ist wohl auch kein Ohnsorg-Stück." Und? Was ist ein Ohnsorg-Stück?
Wir gehen zur Wiese mit den Apfel- und Zwetschgenbäumen hinüber. Das Seeve-Tal ist eine Obstregion und die Äpfel hier so süß, „man braucht beim Einkochen gar keinen Zucker dazu". Sax lehnt sich gegen eine der weißgestrichenen Leitern an den Bäumen, dreht sich eine Zigarette.
Ein Ohnsorg-Stück, nun ja. „Das braucht seine ganz klare Haupthandlung und klare Nebenhandlungen ohne allzu schwierige Verknüpfungen. Die Geschichte muß so sein, wie sie ein bestimmtes Publikum erwartet."
Die Zigarette ist gedreht. Ingo Sax raucht, sieht zum Himmel hinauf, lacht, zitiert lachend Lenaus „drei Zigeuner", die das

Leben verträumen, verrauchen, verfiedeln und „dreimal verachten".

Das Fiedeln ist dem Zigeunersproß nicht gegeben. Das Schreiben reicht. Sax-Stücke wurden schon in London und Australien gespielt. Zögernd nur im Hochdeutschen: „Das ist der Stempel, den man trägt."

Doch im Niederdeutschen ist er der wohl erfolgreichste seiner Generation, und das sicherlich mit Recht. Auch wenn seiner Sprache Unsauberkeiten angelastet werden. Sie seien kein Niederdeutsch mehr, eher verbogenes Hochdeutsch.

Sax hat für das niederdeutsche Drama neue Sujets und neue Formen entschlüsselt, den Krimi („Amaretto"), die Theater-auf-dem-Theater-Burleske („OMMLETT"). Auch neue soziale Umfelder, wie in „Wat steiht, köst Geld" das Fernfahrermilieu. Dieser Verdienst bleibt unbestritten. Auch wenn es in seinem letzten Stück „Lütte witte Siedenschoh" zuging wie längst Ohnsorg-gehabt und die Geschichte allzu sehr so war, wie sie ein bestimmtes Publikum erwartet: Szenen aus einem Landleben, wie es das so nur noch auf der Bühne gibt. Kaum in der Wirklichkeit.

Manchmal allerdings doch. Drüben in der Dannenberger Marsch zum Beispiel. In der Nachbarschaft des Autorenkollegen Bernard Fathmann.

Mit Bernard Fathmann in der Dannenberger Marsch

„Vor allem findet hier Kultur statt"

Gänse watscheln durch Pfützen. Eine dürre Katze streicht vorbei. Über dem Misthaufen hängen dicke Fliegenschwärme. Und das ist sicherlich kein Bühnenbild von Dithmer oder Marks. Das ist ein Stück bäuerliche Wirklichkeit in der Dannenberger Marsch gleich hinter den Elbdeichen. Und aus der verfallenen Scheune schlurft eine alte Frau heran, wischt sich die Hand an der verfleckten Schürze ab, macht einen Knicks.

Der Herr Bürgermeister ist zu Gast.

„Eigentlich heroisch", meint Bernard Fathmann, als wir weiterfahren, die Elbe lang, die hier noch bis vor kurzem die deutsch-deutsche Grenze war, „seit vierzig Jahren und wie vor vierzig Jahren versucht die Frau, ihren Hof zu halten."

Andere haben längst aufgegeben. Sie sind fort in die Stadt gegangen, und in ihre Resthöfe und Bauernhäuser, manche bis zu dreihundert Jahre alt, zogen betuchte Städter ein, vor allem aus Hamburg und Berlin. Oder sie machten es wie Fathmanns Nachbar im Dorf Penkewitz, der gerade seinen Hof in die subventionsträchtigeren neuen Bundesländer verlegt.

Sein Haus steht leer. Fathmann hat zugegriffen. Das Gebäude wird seinem Kinderheim zugeschlagen. Dort ist er Leiter. Und hier in der Dannenberger Marsch noch manches mehr.

Mitglied in der Freiwilligen Feuerwehr, im örtlichen Fußballverein, dem kleinsten ganz Deutschlands. Zugleich Kreistagsabgeordneter, Samtgemeinderatsmitglied, Bürgermeister von Dannenberg. Und irgendwann auch noch Schriftsteller.

Zwei Störche stehen an Wegrand, wie eingepflanzt. Fathmann

Ein Platz für Kinder in der Dannenberger Marsch.

nimmt den Fuß vom Gaspedal: „So was sieht man hier noch mitten auf der Wiese und nicht nur ausgestopft im Dannenberger Heimatmuseum."
Ein Naturpark eben. Wo es Deutschlands nördlichsten Weinberg gibt. Außerdem nur vierzig Einwohner auf einen Quadratkilometer, kaum ein Siebtel des Bundesdurchschnitts. Kristallklare Seen, jahrhundertealte Eichenbestände. Und Rundlingsdörfer wie im Osten Europas.
Der Naturpark Elbufer-Drawehn. Eine Welt für sich.
1975 war der in Oldenburg geborene Diplom-Pädagoge Fathmann hierhergekommen. Drei Jahre später gründete er sein Heim für verhaltensgestörte Kinder, inzwischen ein guteingespielter Betrieb. So gut, daß seinem Direktor Zeit zum Schreiben bleibt.
Anfangs waren es Hörspiele gewesen. Für Radio Bremen, als noch Konrad Hansen Abteilungsleiter war. Fathmann hatte zum Kreis derer gehört, aus denen Hansen bei der Übernahme der Ohnsorg-Intendanz die künftige niederdeutsche Volksdramatik zu rekrutieren gedachte. Es war nicht seine einzige Hoffnung, die schmerzlich getrogen hatte.
Kaum einer dieser rund dreißig Schreiber hat den Sprung zum Bühnenautor geschafft. Fathmann gehört zu den wenigen. Inzwischen liegt ein halbes Dutzend Stücke vor. Zwei davon, „Der allerletzte Tango" und „Dynamit un Puusteblumen", wurden am Ohnsorg-Theater uraufgeführt. Mit Erfolg, wenn auch nicht unumstritten.
Dies sei kein Volkstheater mehr, sondern konfektionierte Unterhaltungsware, hatte es geheißen, austauschbar und anspruchslos. Fathmann nimmt das locker: „Wer will schon entscheiden, was ein ‚richtiges' Volksstück ist? Hauptsache, eine gute Geschichte steckt darin."
Wie im „allerletzten Tango", wo Versicherungsbetrüger eine schrottreife Yacht in die Luft jagen wollen. Diese Geschichte hatte Fathmann in der Zeitung gefunden. Und bei seiner Arbeit im Kinderheim auf dem Lande den Stoff seiner ersten Fenseh-Serie.
Die hieß „Penkewitz 4" und lief in vier Folgen auf dem Bildschirm. Da hatten in Dannenberg die Bauern ihr Vieh mög-

lichst früh in den Stall gebracht, „um die Serie sehen zu können“. Obwohl hier sonst nicht viel Aufhebens um Dichter gemacht wird.
Dannenberg ist Künstler gewohnt. Maler, Bildhauer. Kunsthandwerker. Auch Musiker und Schriftsteller. Für sie alle scheint diese Gegend eine besondere Anziehungskraft zu haben. Obwohl hier nicht eben ein kulturelles Reizklima herrscht und die Geschichte insgesamt eher einen Bogen um Dannenberg samt Umland gemacht hat.
Im Turm von Dannenberg, dem „Waldemarsturm“, saß einst Dänenkönig Waldemar II. gefangen, und das ist über sechshundert Jahre her. Seitdem, weiß ein Prospekt zu melden, „ist das Leben in Dannenberg ruhiger geworden“. So ruhig, daß man in einer fast heilen Welt zu sein meint, mehr noch: in einem in sich geschlossenen kleinen Kosmos, und das ist es dann, dieses Überschaubare, was gerade Künstler anzieht.
Sie revanchieren sich.

Wie im Bauerntheater: Landwirtschaft wie vor vierzig Jahren.

„Vor allem findet hier Kultur statt", wie es Bernard Fathmann ausdrückt. Und ins Stolpern kommt, als er aufzuzählen anhebt: Bildhauersymposien, die Musiktage von Hitzacker, die Schloßmusikwoche von Gatow, eine durchs Land verstreute Ausstellung von Kunst und Kunsthandwerk zu Pfingsten. Und in Dannenberg selbst gibt es das vielgerühmte Marionettentheater, für das der Herr Bürgermeister schon manches Stück geschrieben hat.

Ein stiller Winkel also. Aber nicht tot. Im Gegenteil. Er schafft sich sein Leben in diesem „Wendland" selbst, dem einstigen Grenz-Territorium zum Reich der slawischen Wenden hin.

Eine über Jahrhunderte hin fließende Grenze, anders als die deutsch-deutsche, die es nun nicht mehr gibt. Das zeigt schon erste Folgen. Unter anderem soll die im Krieg zerstörte Dömitzer Brücke, einzige Verbindung zwischen Mecklenburg und Niedersachsen, wiederaufgebaut werden.

Zum Segen für das Land?

Bernard Fathmann sieht skeptisch drein. Die Dannenberger Marsch ist wohl die längste Zeit das Biotop gewesen, wo die Zeit so stillzustehen schien wie auf dem Hof der alten Bäuerin: „Bald sind wir die schnellste Verbindung vom Osten nach Hamburg hin. Dann ist das Wendland nur noch Durchgangsland."

Aber wohl keines mehr, wo noch in soviel friedvoll unaufgeregter Abgeschiedenheit Kultur stattfindet. Vor allem.

Mit Friedrich-Hans Schäfer in Bad Doberan
„Wo die Welt fünfzig Jahre später untergeht"

Bernard Fathmann stellte seine Prognose im Spätsommer '92. Sie hat sich nur zur Hälfte erfüllt. Bis jetzt. Denn die Dömitzer Brücke wurde zwar gebaut. Aber der gefürchtete Auto-Strom blieb aus.

Weithin freie Strecke auch, als wir mit Friedrich-Hans Schäfer nach Bad Doberan aufbrechen.

Um uns die Mecklenburger Landschaft. Herber als Holstein. Nicht so flach und dumpf wie um Braunschweig oder Oldenburg. Starke, klare Farben. Kräftiges Grün. Entschiedenes Rot. Wälder wie unberührt von allen Zeitläuften. Und Schäfer sieht in den rotgold wogenden Herbst hinaus: „Es heißt ja: Wenn die Welt untergeht, sollte man nach Mecklenburg gehen. Dort geschieht alles fünfzig Jahre später."

Vor 85 Jahren wurde er hier geboren. In Rostock, wo dem Elternhaus gegenüber ein Hotel stand., „Stadt Doberan". Das Hotel gibt es nicht mehr und das Elternhaus auch nicht. Aber immer noch Doberan. Mehr als ein Bad. Ein Zauberwort für jeden Mecklenburger wie für jeden Hamburger das Wörtchen „Sylt".

Ein Ort für Pensionäre mit der nötigen Pension. Auch Schriftsteller hat es immer hierhergezogen wie Ehm Welk, den Dichter der „Heiden von Kummerow". Und ohne deutsche Teilung würde vielleicht auch Friedrich-Hans Schäfer hier seinen Lebensabend verbringen.

Krieg und Nachkrieg haben seinem Leben eine andere Richtung gegeben. Den gelernten Schneidermeister verschlug es an den Bodensee, nach Lübeck, schließlich nach Ahrensburg bei

Hamburg, wo er als Berufsschuldirektor wirkte und noch heute lebt und schreibt. Derjenige Ohnsorg-Autor, der am ehesten das Prädikat „Dichter“ verdient. Oder „Nach-Dichter“, um genau zu sein.
Er hat den „Urfaust“ ins Plattdeutsche übertragen, Kleists „Zerbrochnen Krug“ und die Gedichte von François Villon: „Ich habe die Möglichkeiten des Niederdeutschen auf diese Weise erkunden und ausschöpfen wollen.“ Ein Sprachbastler und Kunsthandwerker. Und eine Ohnsorg-Institution, wo eine Premiere ohne den schlanken alten Herrn mit dem silberweißen Haar und feingeschnittenen Gelehrtenkopf eigentlich gar nicht denkbar ist.
Jetzt sieht er auf die Lindenbäume entlang der Straße: „Man sagt ja, dies sei Deutschlands schönste Lindenallee.“ Sechs Kilometer lang, die Verbindung zwischen Doberan und Heiligendamm unmittelbar an der Ostsee, wo der eine Ort eigentlich aus dem anderen entstanden ist.
Zunächst Doberan, der „gute Ort“, wie wohl die Übersetzung aus dem Slawischen lautet. Gut genug jedenfalls, um dort ein Kloster zu bauen. Das war um 1180 und die Bauherren Zisterziensermönche, die der frisch getaufte Wendenfürst Pribislaw von der Weser nach Mecklenburg geholt hatte.
Die noch ungetauften Wenden zeigten sich zunächst nicht ganz so freundlich. Nach Pribislaws Tod zerstörten sie das Kloster erst mal. Doch unbeirrt gingen die frommen Brüder ans neuerliche Werk, und Pribislaws Sohn Heinrich Borwin wies einen Bauplatz an. Gerade dort, wo er bei der letzten Jagd einen Hirsch erlegt hatte, und da war im selben Augenblick ein Schwan mit dem schrillen Schrei „Dobr … dobr…“ aus dem Gebüsch aufgestiegen.
Was offenbar ein gutes Omen war.
Das Kloster wurde gebaut. Schenkungen machten seine Mönche sehr reich. 1368 entstand das Münster, ein Höhepunkt norddeutscher Backsteingotik. Und den Schwan sieht man im benachbarten Englischen Garten. Eine sehr scheußliche Nachbildung aus der Mitte des 19. Jahrhunderts.
Um so eindrucksvoller das Münster selbst mit seinem Kreuzaltar, den bemalten Pfeilern, dem geschnitzten Chorgestühl aus

Bad Doberan: Mecklenburgs Ruhesitz für Nobel-Rentner.

der Zeit, als das Münster noch Wallfahrtsort war. Eine bessere Erwerbsquelle konnte sich damals keine Ortschaft wünschen. Doberan erlebte seine erste große Zeit.
Also ohne Münster kein Doberan. Und kein Heiligendamm ohne seinen „heiligen Damm", den Steinwall ungeklärter Herkunft, um den sich gute wie böse Legenden spinnen.
Die beste: wie bei einer Sturmflut die Mönche ihren Herrgott um Hilfe anflehten und der eilends diesen Wall entstehen ließ.
In der anderen, der bösen Version, hatte Satanas mit scheelem Blick auf den Bau des Klosters gesehen. Er war herbeigeeilt, ihn zu verhindern, die Teufelsfäuste voller Steine. Doch zu spät!, das Gotteshaus war schon gesegnet worden. Da hatte Luzifer in grenzenlosem Zorn die Steine auf den Strand geschleudert.
Doch ob nun Gottesgnade oder Teufelswerk: Für Heiligendamm wurden die Steine ein Segen und für Doberan gleich noch dazu. Denn dieser natürliche Damm brachte erst den

Bad Doberans berühmtes Münster mit dem Schwan im Park.

Mecklenburger Großherzog Friedrich Franz I. auf den Gedanken, hier 1793 das allererste deutsche Seebad zu gründen. Lange vor Norderney, Helgoland und Sylt.
Allerdings: ein Badeort in einer Zeit, die Strandleben und Badefreuden heutiger Zeiten nicht kannte. Sich nackt auszuziehen, ins Wasser einzutauchen, sich dann gar kaum bekleidet in den Sand zu legen, sich zu sonnen und die Haut proletarisch braun brennen zu lassen: das wären im 19. Jahrhundert nahezu perverse Vorstellungen gewesen, als hätte sich doch noch Satans Fluch erfüllt.
Allenfalls tauchte man vom Badekarren oder Badeboot aus kurz ins feuchte Naß ein. Vor allem aber atmete man die heilende Salzluft. Das galt als die eigentliche Kur. Danach ging es von der Küste rasch wieder nach Doberan zurück, das mit der Reformation in einen tiefen Schlaf versunken war.
Jetzt machte es der Großherzog zu seiner Sommerresidenz. Das bedeutete prominente Gäste, Wohlstand, höfischen Glanz. Und ein Architekt kam hierher, Carl Theodor Severin. Wenigstens architektonisch ist er Doberans eigentlicher Schöpfer.
Wir stehen auf dem Kamp, der dreieckigen Grünanlage mitten

Alte Seebad-Herrlichkeit: Heiligendamm.

im Städtchen, und sehen zu den beiden chinesischen Pavillons hinüber, der kleinere heute Galerie, der größere ein Restaurant, auch sie Severinsche Schöpfungen. Wie das großherzogliche Palais. Das Lessing-Gymnasium, das eigentlich sein Privathaus hatte werden sollen. Und das Stahlbad. Das entstand, als ein pfiffiger Doberaner eine Heilquelle entdeckt hatte.
Klassizistisch strenge Bauten, mehr englisch einfach als französisch verspielt. Alles sehr klar, hell, mit dezent gilbender Patina darüber. Und in einem Kiosk wird Schokolade ausgeschenkt. Wir schlürfen sie wie in seliger Erinnerung an Zeiten, da hier die mondäne Welt einer vergangenen Epoche unter Spitzensonnenschirm und grauseidenem Zylinder zur Selbstdarstellung antrat.
Das waren die Jahre, als es in Doberan noch eine Spielbank gab und eine Rennbahn. Beides wurde abgeschafft. Aber die „Molli" gibt es noch, dritte und putzigste Erinnerung an den einstigen Weltbadglanz. Die kleine Dampfeisenbahn von Doberan über Heiligendamm nach Kühlungsborn.
Ächzend, prustend schiebt sie sich mitten durch die Stadt, immer hart an der Bordsteinkante entlang. Mit schrillem Pfiff

Doberans kleine Königin: die dampfende „Molli".

überholt sie uns auf der Lindenallee, und genau auf unserer Höhe stößt sie eine dicke Dampfwolke aus, legt einen gnädigen Nebel um die Erzeugnisse sozialistischer Baukultur.
Denn auch sie gibt es hier in uniformer Scheußlichkeit. Dampf drüber! Das ist Vergangenheit, hoffentlich. Wie die Friedensgebete im Doberaner Münster kurz vor der Wende, die ein Ende des immer unerträglicher werdenden Honecker-Sozialismus herbeiflehten.
Die Zukunft liegt derzeit allerdings nicht weniger im Nebel. Denn was soll aus Heiligendamm werden, diesem Prunkbad einer vergangenen Epoche?
Die Kinder einer anderen Zeit zieht es nach Strand und Sand, wie hier in Mecklenburg in Warnemünde oder Kühlungsborn. Das sind die Badeorte mit Ferienzukunft. Was bleibt für Heiligendamm, diese leuchtend weiße Stadt mit ihren Prachtvillen aus der Gründerzeit, als es „in" war, sein Luxusgehäuse gerade hier zu haben wie ein halbes Jahrhundert später sein Reetdachhaus auf Amrum oder Sylt?
Noch leuchtet in Goldlettern am Kurhaus: „Heic te laetitia invitat post balnea sana! (Freude empfängt dich hier, entsteigst du gesund dem Bade)". Doch wer mag noch hier dem Bad entsteigen?
Schon geistern Gerüchte, ganz Heiligendamm würde als geschlossenes Ganzes verkauft, eine einzige riesige Reha-Klinik mit Nostalgie-Touch, und schon sollen sich finanzstarke, kauffreudige Interessenten eingestellt haben. Aber vielleicht sind auch das nur Legenden. Die Zeit mag zeigen, was aus diesem still leuchtenden Juwel einmal wird.
Jene Zeit, die man sich in Mecklenburg immer läßt. Nicht nur mit dem Weltuntergang.

Mit Hans Timmermann in Rostock
„Ich hoffe, man besinnt sich auf Romantik"

Wenn in Mecklenburg wirklich manches später als anderswo geschieht, so doch manches auch früher. Zum Beispiel die Gründung einer allerersten norddeutschen Universität. Anno 1419 in Rostock.

Oder – bescheidener, dafür aktueller – das erste Ohnsorg-Gastspiel in der Noch-DDR. Ostern '90, gleichfalls in Rostock. Das Publikum hatte stehend applaudiert, und als Dietrich Dahl, Leiter der Niederdeutschen Bühne und unbeirrt mutiger Initiator dieses Gastspiels über viele Jahre und Stasi-Schwierigkeiten hin, ins Parkett rief: „Es ist vollbracht, Ohnsorg ist da!", brach der Jubel gleich noch einmal aus.

Der Rostocker Hans Timmermann war nicht dabei. Aber er kannte Dahl aus Zeiten, als beide noch an der Rostocker Niederdeutschen Bühne zusammengearbeitet hatten, so um 1950, Timmermann schon der angehende Profi, Dahl ein theaterbegeisterer Laienspieler. Was er bis heute geblieben ist.

Am 30. Januar 1993 erhielt er die Ohnsorg-Verdienstmedaille. Danach teilte sich der Vorhang zur Premiere von „Tweemol retour" nach Ludwig Thoma, Dietrich Dahl spielte mit. Und Regie führte Hans Timmermann.

Der war damals ans Rostocker Theater übergewechselt. Ein gestandener Schauspieler, ein bald schon erfolgreicher Regisseur. Nach Rostock in Dessau und Chemnitz, so hätte es weitergehen können. Aber: „Die Segnungen des Sozialismus reichten mir allmählich!" Das war 1957. Dietrich Dahl übernahm gerade die Leitung der Niederdeutschen Bühne. Hans Timmermann verließ das Arbeiter- und Bauernparadies.

Hamburg bot Zuflucht und beruflichen Neubeginn, am Altonaer Theater, am Thalia und Ernst-Deutsch-Theater. Timmermanns wohl schönste Rolle: der Sultan in „Nathan der Weise" neben Ernst Deutsch. Nur Regie ließ man ihn nicht führen. Das schmerzte. Und zog ihn dann ans Ohnsorg-Theater.
1979 inszenierte er dort ein erstes Mal. Hans Bunjes „Dat Smugglernest". Von 1982 an dann das feste Engagement: Der Rostocker trat ein in die Nachfolge eines Scherau, Lüthje, Vahl. Aber er wurde kein „Volksschauspieler" wie sie. Zu herrenhaft dafür, zuwenig der Publikumskumpel. Und seine eigentliche Linie drückt sich ohnehin weniger in seinen Rollen als in seinen Inszenierungen aus.
In Kusz' „Swieg still, Jung" oder Mitterers „Halfklook". Eher schwierige, vertrackte Stücke, in ihren heiteren Momenten mehr sarkastisch-ironisch als eigentlich komisch. Das liegt Timmermann. Auch John Steinbecks traurige Landarbeiter-Ballade „Von Mäusen und Menschen", eine der besten Produktionen der Ära Hansen und Timmermanns vielleicht glücklichste, restlos gelungene Inszenierung überhaupt.
Walter A. Kreyes niederdeutsche Fassung hat das Steinbeck-Stück auf einem Gut im deutschen Osten angesiedelt, vielleicht in Mecklenburg. Also in Timmermanns Heimat. Das hatte der Aufführung die Dichte des Milieus, die Genauigkeit im Detail gegeben. Doch auf der Bühne in seine alte Welt zurückzukehren ist wohl einfacher als in der Wirklichkeit.
Wir hatten ihn erst überreden müssen, mit uns nach Rostock zu fahren. Die Fahrt sei zu lang, er nicht ganz gesund und das alles uns gar nicht zuzumuten. Wir muteten es uns dennoch zu. Und fragten uns auf der Hinfahrt: Was fällt uns eigentlich zu Rostock ein?
Ostsee-Hafen. Industriestadt. 220000 Einwohner. Viel Gotik. Die kernige Mecklenburger Wesensart, der Witz eines Fritz Reuter und Ehm Welk. Gutes Theater, auch das. Aber zugleich: Betonwüsten des Sozialismus. Stein und Muff. Dazwischen gedeiht Haß. Auf alles, was anders zu sein wagt als man selbst. Die Brandfackeln von Lichtenhagen. Man hatte sich geschämt. Nicht für Rostock. Für sich selber, weil man Deutscher und das in Deutschland, dem eben erst vereinten, möglich war.

Das Palais: klassizistische Pracht am Rostocker Universitätsplatz.

Aber das, empfahl uns Wilfried Dziallas, der gerade in Rostock gefilmt hat, sage man am Warne-Ufer lieber nicht. Die Menschen dort sind empfindlich geworden, fühlten sich pauschal verunglimpft. Von den Medien vor allem. Deshalb schütteln wir lieber den Kopf, als wir am Hafen Aufnahmen machen und gefragt werden, ob wir vielleicht vom Fernsehen sind.
Zunächst fahren wir jedoch die Lange Straße hinunter, und Timmermann späht zu den Prunkbauten der sozialistischen Prachtavenue mit ihren Fischblasenmustern und gotischen Türmchen hinauf: „Hoffentlich besinnt man sich jetzt wieder auf etwas Romantik."
Wie in Lübeck. Jener anderen Ostsee-Stadt, mit der sich Rostock in manchem vergleichen läßt.
Wendische Siedlung zunächst alle zwei. An Flüssen entstanden, an der Trave und an der Warne. „Roztoc". Das heißt soviel wie Flußverbreiterung, und dort hatten sich deutsche Kaufleute niedergelassen.
Stadtrecht um 1218. 1314 Einverleibung ins spätere Herzogtum Mecklenburg. Inzwischen war die Hanse entstanden, und die Hansestadt Rostock durchlebte vom 13. bis zum 16. Jahrhundert eine so nie wiederkehrende Glanzzeit. Auf den Werften entstand Schiff um Schiff. Einen Vogel Greif im Wappen, fuhren sie nach Skandinavien hinüber, und der Handel mit den nordischen Städten blühte. Rostock wurde sehr reich. Eine der Königinnen der Ostsee.
Bis die Länder in Übersee entdeckt wurden und die Ostsee zunehmend an Bedeutung verlor. Der Dreißigjährige Krieg setzte eine letzte Zäsur. Von Rostocks großen Jahrhunderten künden nur noch seine Bauwerke.
Wie an der Trave waren auch die Rostocker Hanse-Herren große Baumeister gewesen. Am Marktplatz war das gotische Rathaus entstanden, die Marienkirche wurde gebaut, die Nikolai- und die Petri-Kirche. Der wohlhabende Bürger residierte in seinem ausladenden Prachthaus möglichst nahe am Markt, mit Fachwerk und Spitzgiebel. In backsteinroter Behäbigkeit strahlt dieser Glanz bis in unser Jahrhundert hinein.
Ein Jahrhundert, das unter anderem den Zweiten Weltkrieg mit seinen Bomben brachte, in Rostock vier furchtbare Nächte

lang. Die halbe Stadt wurde zerstört, die Bevölkerung auf nicht einmal hunderttausend Einwohner reduziert.
Einer von ihnen war Hans Timmermann. Der Vater gefallen, die Mutter unterhielt ein kleines Tabakgeschäft, und brav gelobte der Sohn, einmal Lehrer zu werden. Obwohl er schon wußte: Einzig Theater wird sein Leben sein.
Er spielte und inszenierte an der Niederdeutschen Bühne, ging mit ihr auf Tingeltour, verdiente sein Geld für Schauspielunterricht. Bis man am frisch entstandenen Volkstheater aufmerksam wurde und ihn ins Profi-Ensemble hinüberzog: „Ich habe gespielt, was gut und teuer war." Unter anderem den Ruprecht im „Zerbrochnen Krug", und den in der Dependance des Volkstheaters, im Barocksaal.
Wir stehen auf dem Universitätsplatz. Um uns Rostocks Altstadt, belebt wie der Hamburger Jungfernstieg zur Mittagszeit. Vor uns die Alma mater, Blüchers Denkmal davor, Erinnerung an den Rostocker, der zu den Siegern von Waterloo gehörte. Und links das Palais der Großherzöge von Mecklenburg-Schwerin.
1714 erbaut. Als Herzog Carl Leopold sein Land zu einem

Zauber des Rokoko in frischem Glanz: der Rostocker Barocksaal.

absolutistischen Staat nach sonnenköniglichem Muster formen wollte. Der Plan war nie ganz aufgegangen, Herzog und Rostocker nie echte Freunde geworden, und das Palais stand meist leer. Selbst als Carl Leopolds Sohn Christian Ludwig einen Ergänzungsbau schaffen ließ. Das war der „Barocksaal“, wo nach dem Zweiten Weltkrieg sowohl das Volkstheater wie die Niederdeutsche Bühne gastierten.
Timmermann sieht die Fassade hinauf. Wohl so sehnsüchtig, daß eine junge Frau aufmerksam wird. Sie gehört zum Kulturhistorischen Museum, dem der Barocksaal unterstellt ist, sie schließt auf, führt uns einen schäbigen Treppenaufgang hinauf: „Gleich werden Sie staunen.“
Wir staunen. Ein barockes Juwel tut sich auf. Spiegelndes Parkett, funkelnde Leuchter, ein Kamin im Hintergrund. Die fahlen Farben einer Epoche, die wir mit Charme und Lebensart gleichzusetzen gewohnt sind. Man meint Mozart zu hören.
Schlimm habe es nach dem Krieg um diesen Saal gestanden, erzählt die Gastgeberin. Er habe geschlossen werden müssen, sei jedoch in den 80er Jahren restauriert worden, so originalgetreu wie möglich, und ganz kurz vor dem Mauerfall sei der Raum wiedereröffnet worden. Eine Leistung des Sozialismus, die guten Gewissens beibehalten werden kann.
Was hier stattfinde?
Konzerte. Theateraufführungen. Und das alles habe wieder sein Publikum, nachdem zunächst der Besuch miserabel gewesen sei, so gleich nach der Wende. Aber nun verbessere er sich zusehends, und gerade habe Peter Schreier ein ausverkauftes Haus gehabt.
Timmermann hat sich auf einen der Damastsessel niedergelassen. Überwältigt von allem. Gegenwart. Erinnerungen. War es nicht ’48 oder ’49 gewesen, daß er hier Gogols „Heirat“ inszeniert hatte, seine erste Regiearbeit? Wäre nicht denkbar, daß er nun wieder einmal hier arbeiten würde? Wie er schon gleich nach der Wende überlegt hatte, eventuell nach Rostock zurückzukehren, wieder in der alten Heimat zu leben.
Aber das Gestern läßt sich nun einmal nicht so konservieren wie ein Barocksaal.
Wir gehen wieder auf den Universitätsplatz hinaus. Baugerüste

Kaufmannshäuser an der Warnow, dahinter die Marienkirche.

überall, aufgerissene Straßen in der Stadt. Das Lokal, das wir aufsuchen, überfüllt, wir haben Mühe, einen Platz zu finden. Bistro-Atmosphäre, ein Anflug Skandinavien, viel Holz, alles hell und elegant.
Vor dem Fenster schlendern russische Soldaten vorbei, werden wohl bald in ihre Heimat zurückkehren müssen, Timmermann sieht ihnen nach. „Kinder!“ murmelt er. Das Essen wird gebracht. Salat Nizza, Chef-Portion, ausgezeichnet. Wir könnten auch in Hamburg sein oder in Lübeck oder sonstwo. Beim Rückweg passieren wir dann wieder Straßen, wie man sie so verwittert und verfallen sicher nicht in Hamburg, Lübeck oder sonstwo sieht.
Rostocker Gegenwart. Nicht grau in grau. Kein Tal der Verzweifelten, wie uns die Vereinigungsapokalyptiker einzureden versuchen. Aber wieviel Fragen noch offen sind, erfährt man fast auf jeden Schritt. Zu viele, um noch Antworten zu suchen, wenn man Hans Timmermanns reife Lebensjahre erreicht hat. Der Rückweg führt uns über die Berliner Autobahn. Rascher, wenn auch monotoner als die Fahrt über die Landstraße. Über uns spannt sich ein blutrot dramatischer Abendhimmel, jeder hängt seinen eigenen Gedanken nach. Und erst nach sehr langer Pause räuspert sich Hans Timmermann, setzt zögernd an: „Nein, ein Rostocker könnte ich jetzt nicht noch einmal werden!“

Mit Willem Fricke in Winsen an der Luhe
„Alles neu hier, nur die Luhe bleibt alt“

Hans Timmermann könnte nicht mehr in Rostock leben. Willem Fricke zaust wiederum sehr ausführlich an den zerrupften Brauen, als wir ihn fragen, ob für ihn ein Lebensabend in seiner Geburtstadt Winsen vorstellbar sei.
Langsam schüttelt er den Kopf. Obwohl es inzwischen viele aus Hamburg in die kleine Stadt südlich der Elbe zieht, und wie heißt es im Witz über jene gestreßten Chinesen, die sich in Winsen niederlassen möchten? Dort können sie endlich ihre „Luhe“ finden.
Die Luhe. Winsens Schicksalsflüßchen. Ein wenig auch für Willem Fricke. Wo in seiner Kindheit gebadet, geangelt wurde. Und sich ein wenig vor all den fürchterlichen Geschichten von kläglich ertrunkenen Kindern gefürchtet. Und über die Luhe hatte Vater Fricke seinen Gemüsekahn gesteuert. Über Ilmenau und Elbe bis zum Markt an der Hamburger Nikolaikirche.
Ein Gemüsehändler. Ein Mann, der eigentlich nur Arbeit kannte, sein Leben lang. Wie die Mutter auch. Sechs Kinder hatten sie gehabt. Und ihr Häuschen hier in der Luhestraße.
Das ist nun Winsens ältester Teil, die Kinder nannten es ihr „Korsika“. Weil er links und rechts von der Luhe umflossen war, eine Insel also. Und keine Fachwerk-fein restaurierte Altstadt wie in Flensburg oder Oldenburg.
Hier scheint die Zeit wirklich stillgestanden in aller sauber gestrichenen Ärmlichkeit. Einstöckige Häuschen, Buckelpflaster, eine einsame Laterne. In ihrem Schein, erzählt Willem Fricke, hat die Tante allabendlich die Zeitung gelesen, um drinnen den teuren Strom zu sparen.

Zwischen den Häusern ein schmaler Gang, die „Zwische". Dahinter die Hinterhof-Gärtchen, wo in Schwarzmarktzeiten das nicht ganz legal geschlachtete Schwein gehangen hatte. Der angehende Schauspieler Fricke war in der „Zwische" auf und ab gewandert, um für die Hamburger Schauspielschule seine Texte zu lernen. Tagsüber half er beim Vater auf dem Gemüsemarkt aus.

Endlich das erste Engagement. In Cuxhaven. Dort spielte er in Steinbecks „Von Mäusen und Menschen". Friedrich Schütter sah ihn, holte ihn ans Junge Theater, das später zum Ernst-Deutsch-Theater wurde. Zwanzig Jahre gehörte dort Fricke zum „eisernen Bestand". Bis ihn in den frühen 80ern Konrad Hansen bat, bei einer Ohnsorg-Produktion für den erkrankten Rolf Bohnsack einzuspringen. Fricke hatte seine Heimat gefunden.

Ein Ohnsorg-Schauspieler. Aber nicht einer von der gemütlichen Sorte. Wie es eigentlich immer schon zwei Arten gab. Jene, die auf das Einverständnis mit dem Publikum hin spielten, ihre persönlichen Eigenarten einbrachten, auch manchen Spleen und viele Schrullen: Wer könnte je Henry Vahls Mekker-Lache vergessen, wenn er wieder einmal mitten im Text festhing? Er und Scherau und Lüthje bis hin zu Hollenbeck und Kreienbaum waren und sind „Volksschauspieler" im eigentlichen, engeren Sinn.

Dann aber die anderen. Solche wie Timmermann und Jochen Schenck. Geschätzt, beliebt auch sie, aber keine „Lieblinge" im vereinnahmenden Sinn. Ebensowenig wie Fricke. Auch er keiner, mit dem sich das Ohnsorg-Publikum so rasch identifiziert. Dafür darf er auch mal kantig, böse, widerborstig sein.

Führen ihn aber die Ohnsorg-Abstecher nach Winsen in die Stadthalle, rauscht bei seinem Auftritt kein Begrüßungsbeifall auf. So wie sich dann in Fricke keine heimatlichen Gefühle regen. Schon gar nicht in dieser Stadthalle.

Früher stand dort das Schützenhaus, dessen Ballsaal laut Fremdenführer „vielen Winsenern noch in lieber Erinnerung" sei. Was einmal kaum für die Stadthalle gelten dürfte.

Der üblich nüchterne Mehrzweckbau. So kalt und glatt und gesichtslos wie die heutigen Lichtspiele, wo einst der Junge für mühsam zusammengeschnorrte dreißig Pfennige die Kintopp-Wonnen seiner Kindheit genoß. Inzwischen wurde ein Schuhschachtelkino daraus, dessen Plakate cineastische Gipfelwerke wie „Sündige Begierde" und „Er war unersättlich" verheißen. Fricke sieht sich um: „Alles ziemlich neu hier. Nur die Luhe blieb alt."

Doch tut er seiner Heimat unrecht.

Vieles ging kaputt, als mit den Flüchtlingsströmen der Nachkriegszeit die 5000-Seelen-Kommune urplötzlich zur 20000-Einwohner-Stadt hochschoß. Aber vieles blieb doch erhalten oder wurde wiederhergestellt, und immer noch bestimmen zwei Türme Winsens Stadtsilhouette, der von der Marienkirche und der vom Schloß.

Der Lüneburger Welfenherzog Otto hatte es um 1300 bauen lassen, als Winsen noch Knotenpunkt auf dem großen Handelsweg hinauf nach Skandinavien war. Rund dreihundert Jahre später zog dann seine Nachfahrin Dorothea ein. Das Schloß war nun der herzogliche Witwensitz.

Wohl keine erfreuliche Dame. Vor ihren Fenstern loderten die Scheiterhaufen mit brennenden Hexen und Zauberern, und

Wo man seine „Luhe" findet: im Park am Winsener Schloß.

gnädig lächelte sie auf den gottgefälligen Schrecken herab. Aber zugleich hatte sie die mittelalterliche verwitterte Wasserburg zur respektablen Renaissance-Residenz ausbauen lassen und den Marstall hinzugefügt. Dort, wo heute das Heimatmuseum untergebracht ist.
Sicher sehenswert. Doch wir gehen am Schloß vorbei zum Luhe-Ufer hinunter, lauschig umbuscht, Winsens grüne Stube. Wo nicht nur Chinesen ihre „Luhe“ finden.
Enten paddeln heran. Möwen mischen sich dazwischen, tragen Meergeruch und Hafen-Ahnung in die kleinstädtische Enge. Die Elbe ist schließlich nicht weit, und dorthin hat es Fricke immer gezogen, nach Norden, nach Hamburg. Wo er heute im Hause seines Bruders lebt. Auch den hatte es nicht in Winsen halten können.
Die Eltern sind geblieben und liegen dort begraben. Auf dem Friedhof an der Lüneburger Straße. Dort endet unser Winsen-Besuch.
Grauer Herbst hängt über den Gräbern. Totenlichter blaken. Schwer und bitter riecht es nach faulendem Laub. Fricke hat Eimer und Schaufel mitgebracht, richtet die Gräber her: „Meine Besuche in Winsen sind eigentlich Besuche bei den Gräbern.“
Ein kleines Ächzen, er richtet sich auf, sieht auf die Uhr: „Gott sei Dank! Noch Zeit genug!“ Denn am Ende dieses Tages steht noch ein Abstecher an.

Mit Uta Stammer auf Abstecher im Alten Land
„Heute lacht das Landpublikum“

Abstecher. Ein Reizwort wie das von der Ohnsorg-Familie. Denn niemand mag Abstecher. Alle schimpfen darüber. Und das nicht erst heute.

Schon in den 30ern, als es noch mit der Eisenbahn bis nach Halle und Stettin hinging. Und im Krieg stand bei Fliegerangriffen der Zug meistens gerade mitten auf den Elbbrücken, „oben die Bomben, unten der Fluß, wir hatten die Wahl“, wie sich Heidi Kabel erinnert.

Abenteuerlich blieb es auch später noch. Wenn es „mit dem Zug bis nach Neugraben ging und dann im Stockfinsteren über irgendeinen Kartoffelacker bis zum Gasthof, wo wir auftreten sollten“. Das wiederum gehört zu den ersten Nachkriegserinnerungen von Erna Raupach-Petersen.

Heute wird im eigenen Bus gereist. Eine Strapaze bleibt es. Man nimmt sie hin. Weil man weiß: Es geht nun einmal nicht ohne diese Abstecher von Sylt bis Hannover, von Emden bis, neuerdings wieder, Rostock und Schwerin. Nicht ohne die 1,1 Millionen Mark zusätzliche Einnahmen für den Ohnsorg-Etat. Und so geht es denn immer wieder los, rund 130mal im Jahr, zu vierzig bis sechzig Orten, von A wie Achim bis Z wie Zeven. In Zeven wird im Theatersaal des Rathauses gespielt, vor dreihundert Plätzen. Ein unteres Limit. Das oberste: vierzehnhundert Plätze im Deutschen Haus von Flensburg.

Die Altländer Festhalle hat 900 Plätze und liegt in Jork. Dort wird heute gespielt. An einem Schmuddeltag im November. Als alles kalt und naß und neblig ist. Uta Stammer sieht zu den graugeballten Wolkenmassen hinauf und stäubt sich Regen-

tropfen vom schwarzen Ledermantel: „Das ist auch so ein Tag, wo man alles möchte, nur nicht Theater spielen."
Oder ins Alte Land fahren. Ausgerechnet.
Zum Alten Land gehört der Frühling. Die Zeit der Baumblüte: ein Zauberwort für jeden lufthungrigen Hamburger nach durchstandener Winterzeit. Wenn es hierher hinausgehen, man hier spazierengehen kann, zwischen Apfel- und Kirschbäumen, auf den Binnendeichen, die Fleete entlang, und alles ein einziger Traum in Weiß und Zartrosa zu sein scheint.
Heute ist das Alte Land mehr der Alptraum.
Kalt und blattlos ragen die Apfelbäume in den Obstplantagen auf. Am Straßenrand stehen die Stände voll überquellender Apfelkiepen. Aber niemand mehr, der sie noch kaufen möchte. Das Obstparadies zieht sich gerade in den Winterschlaf zurück.
Holländer haben es geschaffen. So im 12. und 13. Jahrhundert. Sie siedelten hier, machten den Boden urbar. Südlich der Elbe entstand das nördlichste geschlossene Obstanbaugebiet von Europa. Eine Welt für sich mit eigener Verfassung bis weit ins 19. Jahrhundert hinein. Mit einem ganz eigenen Menschenschlag.
Wohlhabend und selbstbewußt. Niedersächsisch stur zuweilen. So unerschütterlich wie die Fachwerkfassaden seiner breit ausladenden Häuser mit den Pferdeköpfen am Giebel und den üppig geschnitzten Prunkpforten davor.
Der Dramatiker Klaus Pohl hat diese Welt in seinem Schauspiel „Altes Land" geschildert. „Das hätte ich gern gespielt", seufzt Uta Stammer. Die reiche Bäuerin, die sich den armen Flüchtling krallt. Eine Stammer-Rolle. Eckig, spröde. Das ist ihre Domäne. Nicht das überrumpelnd Sonnige wie etwa bei Ursula Hinrichs. Oder Christa Wehling.
Wieder der Unterschied zur „Volksschauspielerin", hier im Sinn einer Kabel, Sicks und Raupach-Petersen. Auch sie dürfen Biester sein, so biestig sogar, daß einmal jemand der Kabel schrieb: „Nun seien Sie man zu ihren Partnern nicht immer so garstig!" Aber auftrumpfender Humor und augenzwinkernde Herzlichkeit nehmen diese Biestigkeit gleich wieder zurück.
Anders die Stammer. Hier steht die Rolle, nicht der Typ im

Kurz vor Beginn der Abstechervorstellung im Alten Land.

Vordergrund, als gequälte, überforderte Mutter in „Halfklook“. Als krawallig herrschende Geschäftsfrau in Ingo Sax' Lastfahrer-Stück „Wat steiht, köst Geld“. Typische Stammer-Rollen. Diesmal als Nachbarin in Gerald Savorys Sozial-Melodram „All mien Kinner“.

Das wird an diesem Abend in Jork gezeigt, dem 10000-Einwohner-Städtchen mitten im Alten Land, wo einst Lessing seine Eva König freite und nicht weit davon der Orgelbaumeister Arp Schnitger einen Hof besaß. Ein mehr konservatives Publikum, aber in manchem aufgeschlossener, auch lachbereiter als daheim in den Großen Bleichen. Wie meist bei den Abstechern quer durchs norddeutsche Land.

„Heute lacht das Landpublikum, hieß es bei uns immer“, erinnert sich Uta Stammer. Schon damals in Flensburg, wo sie geboren wurde und bereits als Schülerin ihre ersten Rollen am Niederdeutschen Theater spielte.

Das mochte im ehrbaren Kaufmannshaus Stammer gerade noch hingehen. Daß dann aber das Küken Uta zur „richtigen“ Schauspielerin reifte, war fast schon eine Katastrophe. Und Vater Stammer atmete erst auf, als die einzige Tochter nach Umwegen über Würzburg und freie Schauspielerei 1982 im sicheren Ohnsorg-Hafen eingesegelt war: „Das ist doch etwas Reelles.“

Fast zu reell, findet die Tochter. Man weiß ein wenig zu genau, was man dort hat.

Soziale Sicherheit, gewiß. Gute Gagen, die durch Abstecher noch besser werden, da von einer bestimmten Aufführungszahl an zur Grundgage noch zusätzliche Spielgelder kommen. Dann der Standort Hamburg, nicht zu verachten. Und schließlich der TV-bedingte Bekanntheitsgrad beim Publikum.

Der kann allerdings gefährlich sein,

Wenn Bekanntheit mit Popularität verwechselt wird und Popularität mit künstlerischer Leistung. Tatsächlich kann nach einigen Fernseh-Übertragungen ein Ohnsorg-Chargenschauspieler bekannter sein als mancher Protagonist vom Thalia oder Deutschen Schauspielhaus. Dann heißt es Maßstab zu wahren. Sich immer wieder zu erinnern, daß es außerhalb von Ohnsorg noch eine andere Welt gibt. Und anderes Theater.

Uta Stammer liest viel. Besucht Bühnen in anderen Städten. Hat sich gerade in Berlin eine Schnitzler-Aufführung der Schaubühne angesehen: „Da kann man schon neidisch werden." Und besinnt sich auf eigene halbvergessene Rollenträume.
Schillers Elisabeth. Die Regentin in Goethes „Egmont". Überhaupt das klassische Fach: „Die Franziska in ‚Minna von Barnhelm' habe ich wenigstens gespielt. Ein paar Shakespeare-Mädel auch." Und am Ohnsorg-Theater die „Froo Geesche Gottfried", die giftmischende Männermörderin in Rainer Werner Fassbinders „Bremer Freiheit".
Keine klassische, aber die wohl beste Rolle Uta Stammers. Eine Ohnsorg-Ausnahme allerdings. Und auf Abstecher war das Fassbinder-Stück gar nicht erst geschickt worden.
Schon „All mien Kinner" liegt an der Grenze. Denn die Geschichte einer einstigen Kriminellen, die anderen Gestrauchelten wieder auf die Beine hilft, hat ihre Kanten. Vor allem, weil es nichts zu lachen gibt. Solche Stücke haben es nun einmal schwerer als die immer zündenden Schwänke. Schon zu Hause und bei Abstechern erst recht.
Aber das Jorker Publikum im vollbesetzten Saal zieht mit. Es läßt sich rühren und schnüffelt begeistert ins Taschentuch,

Ein Theater, das zum Publikum kommt: Ohnsorg auf Rädern.

wenn am Ende Wiebke Weggemann als Hauptheldin ein bißchen Krebs hat und ihren schön tränenfeuchten Abgang bekommt. Als aber Uta Stammers fiese Nachbarin ganz besonders fies wird, ruft es kräftig aus dem Saal: „Schmeißt doch das Biest von der Bühne!" Dennoch schaffen es die Schauspieler, ernst zu bleiben.

Ohnsorg härtet ab. Das En-suite-Spiel daheim ebenso wie der Abstecher-Streß. Und am Ende gibt es den vertraut herzlichen Applaus, hier wie dort. In Jork noch durchsetzt von herbstlich leuchtenden Sträußen für die Damen, von Körben voll herrlich duftender Äpfel für die Herren.

Das Alte Land dankt.

Dann geht es wieder nach Hause. Für das Ensemble nach Hamburg. Für das Publikum gleich um die Ecke. Man freut sich: Schön, daß mal wieder das Ohnsorg-Theater da war. Die einzige Hamburger Sehenswürdigkeit, die einem gleichsam frei Haus geschickt werden kann.

Anders als Hafen oder Hagenbeck. Und anders als der Dom, den wir bald darauf mit Fritz Hollenbeck durchstreifen.

Weil er so gern über Jahrmärkte bummelt. Und sein ganzes Leben eigentlich so bunt wie ein Jahrmarkt sei.

Mit Fritz Hollenbeck auf dem Hamburger Dom
„Mein Leben, so bunt wie der Jahrmarkt“

Der Clown lacht sich schief. Wörtlich. Er beugt sich vor, wippt auf und nieder, röchelt, prustet, kreischt. Eine Puppe nur, am Eingang des Lachkabinetts, und ihr Gelächter kommt vom Band.
Der Mann am Karussell gegenüber lacht nicht. Mißmutig starrt er ins Leere, murrt, weil niemand Karussell fährt: „Alle kommen und gucken und wollen nur fotografieren.“
Ein Prachtkarussell. Zweistöckig, mit Dampfbetrieb und eingebauter Orgel. Der Großvater hat es schon 1904 gebaut. Jetzt lädt es zur Nostalgie-Fahrt ein. Doch wie das eben so ist mit Nostalgie: Jeder schwärmt von der Vergangenheit. Niemand will aber wirklich damals gelebt haben. Und keiner auf ihren Karussells fröhliche Runden drehen.
Allenfalls Fritz Hollenbeck. Vergnügt schwingt er sich auf einen bemalten Holzgaul.
Jedes Jahr zieht es ihn und seine Frau Rotraut Conrad wieder auf Nordeuropas größten Rummelplatz, den „Dom“, das „Volksfest des Nordens“. Wie zehn Millionen andere auch, die alljährlich Hamburgs drei große Jahrmarktfeste bevölkern. Den Frühlingsdom. Den Sommerdom, auch „Hummelfest“ genannt. Und den Dom der Dome schließlich. Den Winter- oder Weihnachtsdom. Mit ihm fing alles an.
Wobei sich dieser Anfang im Dunkel der Zeiten verliert. Irgendwann um die Jahrtausendwende, als es in Hamburg noch einen „richtigen“, den Mariendom gab und in den Tagen um Weihnachten Gaukler und Händler davor, die sich vor der Kälte in sein Inneres flüchteten. Bis es dem Bischof buchstäblich

Kunstvoll verziertes Karussell: die Prise Jahrmarkts-Nostalgie.

zu bunt wurde, zu laut und zu unheilig, und er allen Jahrmarktsrummel rund ums Gotteshaus bei Strafe des Kirchenbanns untersagte.
Das war 1334, und nur drei Jahre später war das Verbot wieder aufgehoben.
Der Jahrmarkt überlebte. Selbst als es in Hamburg gar keinen „richtigen" Dom mehr gab. Da fand er schließlich Aufnahme auf dem Heiligengeistfeld in Reeperbahn-Nähe, das 1828 die Stadt vom Hospital zum Heiligengeist übernommen hatte.
Kein Dom, kein Hospital mehr. Der Rummel blieb.
Am 1. November 1893 wurde der erste Dom auf dem Heiligengeistfeld eröffnet. Am Ende eines Jahrhunderts, das mehr verändert hatte als je ein Jahrhundert zuvor. Auch die schrille bunte Welt des Jahrmarkts.
Ein Aus für die biedermeierlichen Idyllen beschaulich altvertrauter Weihnachtsmärkte mit Brezelduft und Mandelgeruch, so mollig-heimelig wie ein sanft zischender Bratapfel. Das Publikum wollte Sensation, den Nervenkitzel wie noch nie. Rasenden Flug durch die Lüfte. Spuk in der Geisterbahn. Den wohligen Schauder in den Schaubuden beim Anblick von Riesendame und Elefantenmensch.
Selige Jahrmarktzeit! Gut, daß sie vorbei ist mit ihren widerlichen Abnormitätenkabinetten und Exotenschauen, wo auch schon mal ein schwarzgeteerter Junge aus St. Georg als menschenfressender Papua herhalten mußte.
Autoscooter, Wildwasserfahrt, die Todesspinne mit dreifachem Überschlag. Das kitzelt heutige Nerven. Als Zutat Freßbuden und Festzelte, wo abgetakelte Schlagerstars noch einmal die Show von damals abziehen. Und der Erinnerung an den vergangenen Rummel bleiben gerade noch ein paar Nostalgie-Ecken reserviert.
Wie dieses Karussell hier. Oder zwei Gassen weiter der abgeblätterte Wohnwagen, wo eine Madame die Zukunft aus Karten und Handlinien liest. Oder die Schaubude, wo im bonbonfarbenen Glühbirnenschein Mr. Miller seine Show präsentiert, Messerwurf und zersägte Jungfrau und das Weib mit zwei Köpfen.
Fritz Hollenbeck steht davor, Mund auf, Augen aufgerissen, ganz selig staunende Einfalt. Er kichert: „So stand ich daheim

in Güstrow immer auf dem Jahrmarkt. Denn wenn man schön doof aussah, holte einen der Schausteller für seine Kunststücke auf die Bühne, und man kam umsonst ins Zelt."
Angewandte Schauspielkunst. Ein erstes Mal auf dem Jahrmarkt erprobt. Und dann bei den bunten Abenden im Güstrower „Erbgroßherzog", wo der 12jährige plattdeutsche Gedichte vortrug. Zum Entzücken der Damen und zur Verblüffung von Vater Hollenbeck: Sein Junge war ja ein geborener Schauspieler.
Zunächst stand der Papa mit dieser Ansicht ziemlich allein. Schon am Stadttheater Güstrow wurde sie nicht mehr geteilt. Dort hieß es eisig: „Zu großer Kopf, ein Greisengesicht auf einem Knabenkörper." Das herzlose Urteil schmerzt bis heute. Selbst wenn bald darauf in Schwerin keine Geringere als die Reinhardt-Schauspielerin Lucie Höflich den Jungen für hinrei-

„Jetzt aber spendierst du uns viel schönes Schmalzgebäck."

chend begabt hielt, ihm Unterricht zu geben. Wie einst einer anderen Anfängerin, der großen Marianne Hoppe, aus Mecklenburg wie Hollenbeck.

Bis heute soll die Hoppe bei schwierigen Proben in ihr Mecklenburger Platt verfallen. Wie Hollenbeck auch: „Das verhilft zum richtigen Ton." Schon damals in den 50ern im Berliner Ensemble, wohin der junge Schauspieler nach mancherlei Schlingwegen durch die DDR-Theaterprovinz gekommen war. Das war nun der Theaterhimmel voll gottgleicher Lichtgestalten. Ernst Busch, der Sänger, Schauspieler, Brechts Galilei. Helene Weigel, die Hollenbeck nie anders als mit „gnädige Frau" anzusprechen wagte. Schließlich der Meister selbst. Bert Brecht. Der Erfinder des epischen Theaters, der die eigenen Theorien nie so ernst genommen hatte wie eine starr auf antikulinarische V-Effekte starrende Jünger-Riege.

Er fragte: „Können Sie denn Feuer spucken, Messer schlukken?" Hollenbeck konnte. Und wurde gleich als Gaukler in der Straßenszene des „Galilei" eingesetzt. Stand drei Probentage lang ganz vorn an der Rampe. Spuckte Feuer, schluckte Schwerter. Bis Regisseur Brecht abwinkte: „Drehen Sie bitte den Rücken zum Publikum! Sonst lenken Sie es ab!"

Aber Hollenbeck war Brecht-Schauspieler geworden.

In seiner Wohnung zeigt ihn ein Foto neben der Weigel in „Mutter Courage". In der „Dreigroschenoper" war er auch dabei. Im „Guten Menschen von Sezuan". Und beim Hitler-Stück um den Großganoven Ui.

Große heile Theaterwelt am Schiffbauerdamm!

Wenn nur nicht die Politik gewesen wäre und der Mauerbau '61. Damals begann das eigentliche Ende der politisch-historischen Totgeburt DDR. Ihr Untergang war schon programmiert. Aber das konnte noch niemand ahnen.

Viele befiel Panik. Auch Hollenbeck, der sich gerade mit Frau und Sohn bei seiner Mutter in Hamburg aufhielt. Er entschied: „Ich bleibe hier." Und machte bald schon die Erfahrung vieler Emigranten: willkommen bei der Ankunft, doch dann?

Gründgens war nicht zu sprechen. Sein Adoptivsohn belehrte den Brecht-Schauspieler, was eigentlich Schauspielerei sei. Für das Ohnsorg-Theater sprach er nicht das richtige Platt. Am

Thalia-Theater riet ein Dramaturg: „Versuchen Sie es in der Provinz!" Der hieß übrigens Walter Ruppel.
Hollenbeck versuchte es. In Ulm. Keine üblen Jahre. Bis ihn doch noch das Ohnsorg-Theater holte.
1972 stand er dort ein erstes Mal auf der Bühne, spielte einen versoffenen Polizisten, bekam sechsmal Szenenapplaus. Es schien sich nun zu erfüllen, was Hollenbeck schon in DDR-Zeiten bei Fernsehübertragungen aus dem Ohnsorg-Theater gedacht hatte: „An die Bühne dort, da gehörst du eigentlich hin."
Hat er also seine Heimat gefunden? „Einen Arbeitsplatz." Und wenn es wirklich die Ohnsorg-Familie gibt, „bin ich dort der Stiefsohn".
Das allerdings nun zwanzig Jahre schon. Eine Zeit, in der es ihm gelang, aus anfänglichen Schatten herauszukommen. Aus denen von Henry Vahl und Otto Lüthje vor allem, mit denen er immer wieder verglichen wurde. Inzwischen gibt es typische Hollenbeck-Rollen, wie es früher typische Vahl- und Lüthje-Rollen gab.
Ein Volksschauspieler. Nach Hanno Thuraus Tod einer der letzten dieser Art an den Großen Bleichen. Ob künftig aus dem dortigen Ensemble solche Schauspieler hervorgehen werden oder nicht die Zeit über diesen Typus hinweggeschritten ist, wird die Zukunft zeigen.
Keine Sorge von Fritz Hollenbeck. Der zeigt dazu sein berühmtes Lächeln, das gleichermaßen zu den Hollenbeck-Spezialitäten gehört wie der „Bubi-will-immer-lieb-sein"-Blick. Sein Regisseur Dziallas, der für ihn die Hauptrolle seiner Rentnerkomödie „Lütte Lüüd un groot Halunken" schrieb: „Hollenbeck ist einer, der kann sich auf die Autobahn setzen, und alle halten, ihm zu helfen." Mit seinen eigenen Worten: „Wer so klein und unbedeutend wirkt, muß andere Qualitäten entwickeln, um im Mittelpunkt zu stehen."
Das will er. Und das hat er geschafft. Nicht zuletzt der ranken Kollegin vom Landestheater Parchim wegen. Die ist seit nun schon vierzig Jahren seine Frau, und zärtlich legt er seinen Arm um sie: „Dir verdanke ich eigentlich alles."
Rotraut Conrad bleibt sachlich: „Dann lade uns mal schön zu sehr viel Schmalzkuchen ein."

Den gibt es in seiner Lieblingsbäckerei ganz außen am Heiligengeistfeld. Dort duftet es nach Springkuchen, Vanillebeuteln, Kirschtaschen. Um uns tobt immer schriller der Jahrmarktslärm, leuchten seine Farben immer greller, während sich hinter dem Bunker ein halber Mond in den blaßblauen Abendhimmel schiebt.

Der Bunker. Hamburgs häßlichstes Bauwerk. Eine grauschwarze Scheußlichkeit. Dort hatten die ersten Fernseh-Sendungen des Norddeutschen Rundfunks stattgefunden. Auch die allererste Ohnsorg-Übertragung. Total live natürlich, und „damit alles Weiß auch wirklich weiß auf den Bildschirm kam, mußte es gelb eingefärbt werden", erinnerte sich Heidi Kabel. Schon die zweite Übertragung kam direkt aus den Großen Bleichen. Von jenem Jahr 1954 ab begann aber der Ohnsorg-Aufstieg, der die Bühne zu Deutschlands beliebtestem Volkstheater machte. Und als Hamburger Institution wenigstens so populär wie den Hamburger Dom. Fast so bekannt wie den Hamburger Hafen.

Der bleibt allerdings die größte hanseatische Sehenswürdigkeit. Mit seiner Rundfahrt, den Barkassen und den Fremdenführern mit ihrem nie ganz abgespulten Seemannsgarn.

Uns hat „Mr. Hafen" persönlich geführt. Helmuth Kern. Auch er ein Stück Hamburg.

Mit Helmuth Kern im Hamburger Hafen
„Welthafen mit angeschlossener Provinzmetropole“

Bleibt nachzutragen, was eigentlich aus dem „richtigen“, dem Mariendom geworden ist.
Der war um 1800 so baufällig, daß seine Renovierung sehr viel blankes Hanseatengeld gekostet hätte. Also riß man das achthundert Jahre alte Bauwerk kurzerhand ab, und heute findet sich an seiner Stelle ein Parkplatz. Fein.
Wundersames Hamburg. Traditionell bis zur Rührseligkeit, dann wieder kaltschnäuzig bis unter den Gefrierpunkt. Da scheint es fast ein Wunder, daß sich hier so was wie die Speicherstadt halten konnte. Unten am Freihafen gleich hinter der Kornbrücke. Dieses Areal aus dem Jahr 1882, als der Herr von Bismarck immer heftiger auf Hamburgs Anschluß an das übrige Zollgebiet des neuen Deutschen Reichs drängte. Seine Konzession: Teilen des Elbufers wurde zollrechtlich der Auslandsstatus zugebilligt. Die Freihafenstadt wurde zur Stadt mit Freihafen. Der brauchte Kontore und Lagerräume. Das wurde die Speicherstadt.
Fleete wurden zugeschüttet, rund tausend Wohnhäuser abgerissen, ihre Bewohner nach Barmbek und Eimsbüttel umgesiedelt. Die neue Stadt, sechsgeschossig, mit einer Flut von Türmchen, Zinnen, Erkerchen architektonisch überzuckert, erstand in backsteinroter Pracht, und Hamburg durfte wieder einmal auf seine zupackende Fortschrittsfreude sehr stolz sein.
Keine hundert Jahre später war dieser Fortschritt bereits wieder völlig veraltet.
Ökonomisch wäre es wohl richtig gewesen, die ganze neugotische Pracht abzureißen. Wie den Mariendom. Dann wäre al-

lerdings ein weiteres Kulturdenkmal zerstört worden und ein Reststück der immer dünner werdenden Hafenromantik dazu. Dafür hätte es viele neue Parkplätze gegeben.
Aber man sage nicht, der Mensch lerne nicht aus der Geschichte. Und manchmal sogar von seinen Fehlern. Die Speicherstadt steht heute unter Denkmalschutz.
Immer noch ist sie Sitz für 270 mittelgroße Firmen. Es riecht nach Kaffee, Tee, Gewürzen. Und hier treffen wir Helmuth Kern. In der barock aufgetakelten Zentralverwaltung der Hamburger Hafen- und Lagerhaus AG, kurz HHLA, deren Vorsitzender er bis zu seinem Ruhestand anno '91 fünfzehn Jahre lang war. Und zuvor, zehn Jahre lang, Hamburger Senator für Wirtschaft, Verkehr und Landwirtschaft.
Ein Vierteljahrhundert, das dem massiven Mann mit dem funkelnd klugen Blick hinter der charakteristisch schweren Hornbrille und dem hanseatisch knarrenden Baß viel Lob und Ehre, aber auch manchen Tadel und etliche Feinde einbrachte. Sowie den Ehrennamen „Mr. Hafen".
Jahrgang 1926. Einer aus der Flakhelfer-Generation wie am Ohnsorg-Theater Willem Fricke, Jochen Schenck, Hans Timmermann und auch Walter Ruppel. Vom Schicksal besonders gebeutelt oder besonders begünstigt, je nach Sicht. Für Helmuth Kern: eher begünstigt.
Weil man noch zu jung gewesen war, um durch die Nazi-Zeit dauernden Schaden an Geist und Seele genommen zu haben. Aber schon alt genug, diese Zeit als Erfahrung zu verarbeiten. Damit war man ins Jahr Null gestartet. Unverbraucht und illusionslos.
Auch der Kaufmannssproß aus Barmbek hat nie große Illusionen gehabt. Schon gar nicht beim Blick auf die Stadt, deren Wirtschaftssenator er 1966 wurde. Bürgermeister war damals Herbert Weichmann. Dessen Vorgänger, kein Zweifel, hatte Bewundernswertes bei jenem Wiederaufbau geleistet. Doch dann?
Wer in den 50er Jahren in Hamburg aufwuchs, wird sich erinnern: Stadt Hamburg an der Elbe Auen, das war die schönste Stadt der Welt, natürlich. Klüger, reicher als die meisten anderen. Hafenstadt. Weltstadt. Kulturstadt obendrein. Schließlich

inszenierte Gründgens hier. Und das alles würde so bleiben. Auf ewig.
Helmuth Kern sieht es etwas strenger: „Hamburg war immer sein Hafen. Der allein machte seine Weltgeltung aus." Worüber die Stadt noch lange nicht zur Weltstadt wurde wie London, Paris oder, selbst nach der Teilung noch, Berlin. Die Elbe-Stadt blieb „der Welthafen mit angeschlossener Provinzmetropole". Das schlimmste: Auch der Welthafen drohte Provinz zu werden.
Dieser Hafen. Geliebt. Verklärt. In tausend Filmen, Schlagern, Operetten. 75 Quadratkilometer groß, ein Zehntel der Hamburger Fläche. Arbeitgeber für unmittelbar vierzigtausend, mittelbar hunderttausend Menschen. Ein „schneller Hafen" eigener stolzer Einschätzung nach. 1188 aufgrund eines Barbarossa-Freibriefs entstanden, nach dessen Echtheit man besser nicht allzu hartnäckig fragt. Im letzten Jahrhundert zum modernsten der zwanzig großen Nordseehäfen umgerüstet.
Nun stand neuerliche Umrüstung an. Das war die Stunde Kern. 1970 schuf der überzeugte Marktwirtschaftler eine neue, flexiblere, am freien Wettbewerb ausgerichtete Hafenordnung.

„Der Hafen, my castle": vor dem Hamburger Container-Hafen.

Auf sie ist er stolz. Stolzer noch als auf das meiste andere, was in seiner Ägide entstand. Den neuen Elbtunnel zum Beispiel statt des nur noch nostalgisch anrührenden Relikts aus dem Jahr 1904. Oder die Köhlbrandbrücke.
Vier Kilometer lang spannt sie sich in fast tollkühn elegantem Schwung über die Süderelbe, kaum noch eine Brücke, mehr schon ein stählernes Gesamtkunstwerk. Und Kern kurbelt das Autofenster herunter, zieht genießerisch die salzig-brackige Luft ein: „Die Amerikaner nennen sie längst die European Golden Gate Bridge." Weiter geht es zum Container-Hafen.
Auch der eine bleibende Erinnerung an die Ära Kern. Als damals ganz gemächlich von Amerika her das Containerwesen im Güterverkehr aufkam. Schneller. Billiger. Rationeller. Hamburgs alte Erzrivalin Bremen begriff das Zeichen. Hamburg begriff nichts. Wie? Container sollten die Zukunft sein? Kühl winkte man ab. Oder gab sich Vorstellungen hin, die noch ein Vierteljahrhundert später Hamburgs jetzigem Bürgermeister Henning Voscherau in seiner Rede auf den aus der HHLA ausscheidenden Helmuth Kern den Atem stocken ließen: Vielleicht könne man hanseatisch fair bei einer gewissen Arbeitsteilung verbleiben. Für Bremen die Container. Für Hamburg Stück- und Massengut wie immer schon.
Heute ist Hamburg Deutschlands größter Container-Umschlagplatz. Der zweitgrößte Europas. Der elftgrößte der Welt. Helmuth Kerns Verdienst. Und wir stehen mit ihm auf dem Dach des HHLA-Bürogebäudes, sehen auf den Container-Hafen. Kein Anblick, der das Herz vor Fernweh schwellen läßt. Alles praktisch, nüchtern. So kühl wie die Brise, die an unseren Mänteln zerrt. Kern greift sich an die Prinz-Heinrich-Mütze: „Auch die neuen Technologien haben ihre eigene Ästhetik. Auch die kann man romantisch nennen."
Also keine Wehmutszähre für die alte Hafenherrlichkeit. Für sie bleiben ein paar Nostalgie-Ecken reserviert. Wie auf dem Hamburger Dom.
Drüben in der Speicherstadt, durch die man immer noch streifen kann, als hätten nicht längst Computer und Nadelstreifen-Management die Welt der hanseatisch königlichen Kaufherren abgelöst. Oder an den Landungsbrücken.

Schiffe, die am Pier dümpeln: der Hafen alter Vorstellung.

Dort liegt die „Rickmer Rickmers“ mit der holzgeschnitzten Galionsfigur ihres Erbauers am Bug. Ein Segelschiff, 1962 aus dem Verkehr gezogen. Jetzt Restaurant und Museum. Wie die „Cap San Diego“, letzter von sechs Schnellgutfrachtern aus der Vor-Containerzeit, schlank und elegant, einer der „Weißen Schwäne des Atlantik“.
Die anderen fünf sind längst verschrottet. Der sechste wurde 1986 vom Senat erworben, und Helmuth Kern war eigentlich gegen den Kauf gewesen: „Das wird ein Faß ohne Boden.“ Aber dann auch: „Nun haben wir das Ding. Nun müssen wir daraus auch etwas machen.“ Eine Hafensehenswürdigkeit allemal. Und nun freut er sich doch an diesem sanft schaukelnden Denkmal gilbender Seefahrtsromantik, die so romantisch wiederum nur in der Erinnerung ist.
Ein Wassermensch. Der Segelfreund. Das ist Helmuth Kern. Und ein wenig und trotz allem der Romantiker, auf hanseatisch spröde, die Realität vor lauter Romantik nicht aus den Augen verlierende Art. Einer, der vielleicht auch einen Dom abreißen lassen könnte, aber schon einen anderen im Kopf hätte und nicht nur einen Parkplatz. Und der einmal Dichter hat werden wollen, Verse geschrieben hatte, Novellen. Kein Stück. Das sollte vielleicht einmal über ihn selbst geschrieben werden. Wie über so vieles hier im Hafen.
Über seinen Wandel, seine Problematiken. Über die Auswirkung auf seine Menschen. Was wurde zum Beispiel aus dem Typ des Hafenarbeiters, von dem es einmal hieß, es stecke in jedem heimlich ein Senator? Oder das Thema Speicherstadt. Oder der Niedergang der Werften. Oder drüben der Kiez, St. Pauli, das Amüsierviertel: Was hat sich dort alles getan? Stoffe zuhauf. Heiter. Ernst. Grotesk. Seriös. Für viele Volksstücke im Ohnsorg-Theater. Dort, wo Helmuth Kern Vorsitzender des Vereins Niederdeutsche Bühne und Aufsichtsratsvorsitzender der Ohnsorg-Theater GmbH ist. Und Freund des Hauses sowieso. Schon weil er ein Freund des Plattdeutschen ist: „Wer anständiges Platt hören will, muß ins Ohnsorg gehen.“
Er hat die Berg- und Talfahrten der Ära Hansen erlebt. Er hat dafür mitgesorgt, daß danach das Ohnsorg-Theater wieder ins ruhigere Fahrwasser kam. Obwohl er es bejaht, daß auch an

Traditionsinsel aus dem letzten Jahrhundert: die Speicherstadt.

diesem Haus die Vergangenheit nicht unter den Glassturz gestellt werden kann. Und die Öffnung des Repertoires für Autoren aus dem Ausland, für Klassiker ausdrücklich begrüßt. Wobei seine persönlichen Favoriten in den letzten Jahren „Dat Schörengericht“ nach Kleist und „Vun Müüs un Minschen“ waren. So hoch soll ein Volkstheater getrost hinaufsteigen. Und nur bei der „König Lear“-Version ging es ihm, trotz des imposanten Kreienbaum, ein bißchen zu hoch hinaus: „Das schrammte doch hart an die Grenze.“

Das sagt der private Theatergänger Kern. Der Aufsichtsratsvorsitzende hat sich jedoch einzig auf die wirtschaftliche Seite des Unternehmens Ohnsorg zu beschränken. Dort, wo seit bald zehn Jahren erfreulich schwarze Zahlen stehen.

Dazu saugt dann Wirtschaftsmann Kern zufrieden an der Pfeife. Und ist wohl nicht ganz unschuldig daran, daß sich der Senat den Ohnsorg-Mannen gegenüber generös zeigte und nicht die Hälfte der Gewinne, wie eigentlich vorgeschrieben, vom Zwei-Millionen-Zuschuß der Stadt abzieht, sondern sie dem Theater für bauliche Veränderungen überließ.

Also konnte gebaut werden. Die Bühne verbreitert. Das Foyer modernisiert. Nicht zu aller Freude. Wo, bitte, blieb das Ohnsorg-Restaurant? Was soll statt dessen ein Ohnsorg-Bistro, für das bisher noch niemand so recht seine Sympathie entdeckte?

Helmuth Kern nickt dazu. Ein richtiges Restaurant muß wieder her, das ist klar. Und das mit dem Bistro, nun ja, „das kriegen wir schon hin“. Wie schon viel problematischere Dinge in seiner Laufbahn auch.

Mit Hannelore Hoger im Ohnsorg-Bistro
„Die Arbeit zählt. Nicht das Theater“

Früher war das Bistro eine Drogerie. Davon ist der Tresen geblieben, in altväterlich gedunkeltem Holz, als würden dort immer noch Hirschhornsalz und Seifenpulver abgewogen. Drumherum jedoch Gastronomie im Eil-Stil der Zeit. Nicht jeder mag ihn. Auch die meisten Ohnsorg-Schauspieler nicht. Und Hannelore Hoger sieht sich erst mal um: „Hat sich hier alles verändert!“

Wie lange sie nicht mehr im Ohnsorg-Theater war?

Sehr lange nicht mehr. Anders als früher. Als Kind war sie fast jeden Abend hier, und der Vater, Inspizient Leo Hoger, hatte die Tochter in die Kulisse gesetzt, neben den Feuerwehrmann. Von dort aus durfte sie zugucken. Wohl fünfzig Mal bei der „Benefiz bi Mattler“, an die dreißig Mal bei „Wenn de Hahn kreiht“. Unvergeßlich.

Auch wie sie dann, nun schon vierzehn, fünfzehn, auf dieser Bühne die ersten Rollen spielen durfte, in „Dat Gewitter“ und „De hilligen dree Könige“. Im Weihnachtsmärchen war aber ein wunderschönes Mädchen der Engel gewesen. Das hieß Ursula Thiess, wurde später Miß Welt, wanderte nach Kalifornien aus und machte Karriere auf ihre Art, in einigen US-Filmen und vor allem als Frau des Hollywood-Beaus Robert Taylor.

Hannelore Hoger ging nicht nach Hollywood.

Zunächst Schauspielschule bei Eduard Marks. Dann Ulm. Tiefste Provinz. Und das gehört zu den Gründen, die viele am Ohnsorg-Theater festhalten. Diese Angst, in der Provinz steckenzubleiben, irgendwo zwischen Flensburg und Tirol.

Ulm war anders. Damals. Eine Kaderschule des aufbegehren-

den neuen Theaters der 60er, das sich nicht mehr seine Künste von den Altmeistern vorexerzieren lassen wollte. Unter Intendant Kurt Hübner fanden sich hier Regisseure wie Peter Palitzsch und Johannes Schaaf, Bühnenbildner wie Wilfried Minks und Jürgen Rose.
Und Peter Zadek. Er vor allem. Der später in seinen Hamburger Jahren erklären sollte: „Die einzige Bühne, wo ich wirklich mal gern inszenieren würde, ist das Ohnsorg-Theater." Was Hannelore Hoger eher skeptisch registriert: „Und? Warum hat er es nicht getan?"
Zampano Zadek fand andere Spielwiesen. Das Schauspielhaus Bochum vor allem, kurz das „BO". Hannelore Hoger, nun schon „die" Hoger, war dabei.
Als Narr im „Lear". Als Lämmchen in „Kleiner Mann, was nun?" nach Fallada. Auch das eine Art Volkstheater und Ohnsorg nicht so fern. Auch bei Zadeks Bochumer Inszenierung vom „Blauen Engel" nicht.
Günther Lüders war der Unrat, die Hoger die Künstlerin Fröhlich gewesen, und die hatte singen sollen. Da hatte sie in ihrem Gedächtnis gekramt, Gorch Focks „Königin von Honolulu" hervorgezogen. Zwei Dutzend Mal hatte sie die wohl in den Großen Bleichen gesehen. Und sang nun Rudolf Kienaus Lieder wie damals Hilde Sicks. Aus der Kulisse sah ihr diesmal die eigene Tochter zu, Nina Hoger. Ein Kind wie damals sie, als sie auf dem Ohnsorg-Feuerlöschgerät gehockt und das erste Theater ihres Lebens gesehen hatte.
Wie groß ihr alles erschienen war. Die Garderoben. Die Bühne. Die roten Sessel im Parkett. Und von dort aus hatte sie ihr allererstes Ohnsorg-Weihnachtsmärchen erlebt.
Sie muß vier gewesen sein, und Vater Leo hatte mitgemacht, die Tochter wird es nie vergessen. Wie er ein Räuber gewesen war. Über die Bühne marschiert kam. Den Kopf nicht auf dem Hals, nein. Er trug ihn unter dem Arm. Das war sehr aufregend gewesen und unbeschreiblich grausig-schön.
Auch an diesem Nachmittag wird gerade das Weihnachtsmärchen gegeben, und drinnen im Saal grummelt es schon. Gleich wird wohl Pause sein. Dann geht es laut zu im Bistro. Hannelore Hoger steht auf: „Setzen wir uns hinüber ins Theater!"

Sie geht voran. Eine kleine Frau. Eine große Schauspielerin. An der Garderobe schließt Edith Seehackel sie in die Arme: „Bist auch mal wieder da, Muckelchen?“ Einmal irgendwo ein Kind, dort immer Kind. Die Hoger streicht eine rotbraune Strähne beiseite: „Gott sei Dank noch jemand, den ich kenne.“ Heidi Kabel kennt sie natürlich auch, hatte neben ihr in ihrer allerersten Rolle überhaupt auf der Bühne gestanden, in Fritz Stavenhagens „Mudder Mews“, und in einer Szene hatte sie von der Kabel frische Pflaumen bekommen. Die waren meist aus Holz geschnitzt, aber „manchmal hat Frau Kabel echte Pflaumen mitgebracht, die waren dann für mich“.
Wir setzen uns ins Foyer. Dort, wo Heidi Kabel von Hans-Albert Dithmers Porträt auf die Besucher herablächelt. Eine Königin des niederdeutschen Theaters, ungekrönt, doch unumstritten, nun schon sechzig Jahre lang.
Ob sich Hannelore Hoger einen solchen Weg auch für sich hätte vorstellen können? Wohl kaum.
Aber wer kann das schon von denen, die an dieses Haus kommen? Kaum einer von allen, mit denen wir im letzten halben Jahr hinausgezogen waren, „ihr“ Norddeutschland zu suchen,

Im Ohnsorg-Bistro: „Hat sich hier aber alles verändert!“

hatte zunächst an einen lebenslangen Ohnsorg-Weg gedacht. Zwei Jahre, auch drei oder fünf, nun gut. Und dann sind es zehn, zwanzig, fünfundzwanzig, „die sind so rasend schnell vergangen, daß man es kaum bemerkt hat", wie einmal Herma Koehn meinte.

Ein gutes, ein nicht so gutes Zeichen für dieses Haus? Sicher ein Symptom für seine Sogkraft. Und dafür, daß es hier noch ein Ensemble gibt. Vielleicht wirklich keine Familie. Aber ein Ensemble im guten alten Sinn.

Eines mit Säulen und mit Außenseitern. Mit Widerspenstigen und Willigen. Keiner will allzu eng dazugerechnet werden. Die meisten sind gekränkt, wenn man sie nicht dazurechnet. Man mag sich. Man streitet sich. Man kann sich nicht ausstehen und arbeitet doch prima zusammen. Und irgendwann zählt nur noch: Vorhang hoch! Die Vorstellung muß laufen. Und sie läuft. Danach hat man sich wieder gern oder nicht so gern.

Wie in jedem Ensemble. Wie in jeder Familie.

Ob sich Hannelore Hoger vielleicht doch vorstellen könnte, hier noch einmal auf der Bühne zu stehen?

Vielleicht. Wenn alles stimmt. Rolle. Stück. Regisseur. Die Arbeit eben. Denn: „Sie zählt. Nicht das Theater."

Hier wie überall.

CHRONIK
EINES FRÖHLICHEN HAUSES

144 Seiten gebunden mit Schutzumschlag,
mit zahlreichen, zum Teil farbigen Abbildungen

Das ist ein repräsentativer Bild- und Wortband, ein Nachschlageband zum Schmökern für Ohnsorg-Theater-Fans und alle, die es noch werden können.
DIE WELT

RASCH UND RÖHRING VERLAG